DIARY OF
CROSSES GREEN

DIARY OF
CROSSES GREEN
MARTÍN VEIGA

TRANSLATED FROM GALICIAN
BY KEITH PAYNE

Francis
Boutle
Publishers

This bilingual edition first published by
Francis Boutle Publishers
272 Alexandra Park Road
London N22 7BG
Tel 020 8889 8087
Email: info@francisboutle.co.uk
www.francisboutle.co.uk

Diario de Crosses Green first published by
Kalandraka Editora
Rúa Pastora, n.º 1, 4.º A– 36001 Pontevedra

Diario de Crosses Green © Martín Veiga, 2016
Translation © Keith Payne, 2018
Cover illustration © Finn Richards

ISBN 978 1 9164906 0 4

Acknowledgements

Thanks are due to the publishers and editors of the following books and journals where previous versions of some of these poems, either in Galician or in English translation, first appeared: *As Others Saw Us: Cork Through European Eyes*, *Contos do mar de Irlanda*, *Galicia Hoxe*, *Grial: revista galega de cultura*, *Negra sombra: intervención poética contra a marea negra*, *Voces na materia*, *New Eyes on the Great Book*, *Southword*, *Voces na materia*, *Volverlles a palabra: homenaxe aos represaliados do franquismo*, *The Well Review* and *150 Cantares para Rosalía de Castro*.

The publishers gratefully acknowledge the support of the *Secretaría Xeral de Cultura, Consellería de Cultura, Educación e Ordenación Universitaria, Xunta de Galicia* (General Secretary of Culture, Department of Culture, Education and University Administration) in the publication of this volume. Also the Department of Spanish, Portuguese and Latin American Studies, and CASiLaC (Centre for Advanced Studies in Languages and Cultures), both at University College Cork.

In many ways, this English translation brings the poems in this book back home to the main language of the place where they were conceived and written. I wish to extend my gratitude to Craig Patterson for initiating the conversations that led to its publication, to Clive Boutle for his unfailing commitment to the project, to Finn Richards for the excellent cover image and, indeed, to Keith Payne for his translations, faithful but also deeply imaginative. I would also like to thank my family for their love and support.

Martín Veiga

I would like to thank Elvira Ribeiro for her assistance in the initial reading of these poems. As ever, a great pleasure to read with you, Elvira. Thanks to Finn Richards for the stunning cover photograph which matches the beauty of these poems. Many thanks to Clive Boutle of Francis Boutle Publishers for giving wind to the sails of this project as it carries us between two waters and finally, to Martín, for the poems.

Keith Payne

Contents

For Carol,

from the sunsets of Crosses Green to the sunrises of Coolfree

All that's beautiful drifts away
Like the waters
W. B. Yeats

We know neither the day nor the hour of our summons
Paul Muldoon

Anatomía das augas

A atalaia do balcón semella un pasadoiro,
un pasal para cruzar ou a torre con carriza
desde a que gardo un equilibrio incerto
na mensura destas horas augacentas
que definen o meu tempo, cada intre
tan preciso do meu tempo: unha xeira
que tremece, un latexo que se vai
esvaecendo polas correntes nerviosas
a gurgullaren feridas contra os muros
da revolta, ese íntimo recanto
onde o río cobreguea, entre a antiga
fábrica e os casetos vellos, repintados,
onde constrúen botes, ao pé da gris
lameira do aparcadoiro.
                              Este fluír sen fin,
cantiga de seguir sen autoría nin coda,
retrouso que decote me acompaña,
é o marmurio das augas que endexamais
se detén, o rumor turbo dos meus días
e noites, rouco balbordo afervoado.

Se por veces amosa o río as sombras
dunha mistérica calma de lagoa, a quietude
na que aboian follas e pervagan cabaliños
do demo tan toleeeeeeeeeeeeeeeeeeee... nas tardes
de inverno baixa bravo, enfoulado en espirais
a gotexar e chapicar todo o verdello das beiras.

E así se renova arreo o curso de meandro
que traza o Lee por esta cidade xa tan miña
que nunca será miña, mais que a ollada
esculca decotío para vivir o poema,
para sentir polas veas o tránsito das augas
coma un sangue bretemoso, pardacento,
coma o arfar dunha respiración moi cansa
que se filtra polas sebes, apousa nos remuíños,
enche de ecos os garaxes.

THE ANATOMY OF WATER

This balcony, this lookout is a footbridge,
a moss-faced tower, a stepping-stone
where I hold tight to an uneasy balance
that's the measure of my time in these
soaked hours, every second
of my time: a trembling shift,
a heartbeat that drifts and is washed
away with the running current
as it purls the old wounds round the walls
of the riverbend, this snug reach
where the river writhes by the tired brewery
and the old, repainted boat sheds
that sag by the drab dust
of the car park.   This never-ending flow
I follow, another run-through, no coda,
the chorus I play over that keeps me company
is this endless murmuring water,
the troubled whispering days, the dark
nights of uproarious hoarse babbling.

I've known the river reveal shadows
of some mysterious lake-like calm, stillness
of leaves floating, dragonflies flitting
about clumsily, then winter evenings
it rushes down streaked in white whirls
that douse the moss on the banks.

And so everyday the river's course is renewed
as the Lee draws through the city that's so much a part
of me it'll never be mine, no, just the fierce,
daily vigilance to bring the poem to life,
to feel the water flow in my veins
darkening in the dim, murky blood
like the sigh of a tired breath rising
off the whirlpools, floating through the hedges,
to fill the echo-resounding sheds.

Constrúense así
as coordenadas dun tempo que xa nunca
hei recuperar, o incesante transcorrer da vida
e a ollada aberta apreixando os seus fulgores:
anatomía das augas, talmente como dicir
anatomía do espírito, encoro, diario dos adentros.

The coordinates
of time are set and I can never get it back,
the endless current of life passing by and
the eyes wide open watching it all shine:
the anatomy of water, just like
the anatomy of spirit, reservoir, diary of what's inside.

Outubro

13

06:35   Augas paradas, augas encalmadas. Reinos do silencio.
Cínifes asasinos. Os cínifes artúricos que cabalgan por
unha Limia lacustre.
Pantano Corcaigh ou paúlo da estirpe. Meu marnel.

11:10   Cercetas e gaivotas aboian entre silveiras e oucas.

20:23   Baixan as augas ceibes, torrenciais e bravas coma os
poldros na serra do Barbanza. Case alporizadas.

14

00:56   O salaio hidráulico da fábrica de Beamish asolaga a noite
chuviñosa.

01:13   Séntese o marmurio tenso da corrente que non ha parar
endexamais.

15

00:30   Vai medrado, fachendoso e pleno coma arroiadas de
montaña no desxeo, na primavera, en algures lonxe.

16

11:33   Non hai carráns aquí, repousan na Aguieira. Só gaivotas
que enredan polas marxes.

18:54   Semella plácido, sereno. Móvese formando círculos que se
esvaen. Lentamente respira, animal tórpido e vello.

17

23:53   Xa non queda luz ningunha nas antigas aceas de Crosses
Green.

18

20:32   As augas quietas espellan os perfís da casoupa das barcas.
Vibran lenemente os remuíños oleosos.

19

01:00   O río Lee é un deus afouto e pardo.

OCTOBER

13

06:35   Calm waters, quiet waters. The kingdom of silence.
        Murderous midges. Arthurian midges galloping over a
        lakefilled Limia.
        Corcaigh the swamp, the bog of kinship. My floodland.

11:10   Teal and gull glide between brambles and the water
        crowfoot.

20:23   The free waters run easy, teeming and bright like the wild
        mountain ponies in Barbanza. Seething.

14

00:56   The hydraulic sigh of the Beamish brewery pours into the
        misty night.

01:13   You can hear the constant muttering of the current that
        will never end.

15

00:30   It grows, arrogantly like mountain streams after the thaw
        in spring, far off.

16

11:33   There's no tern here, they're all in Aguieira. Only seagulls
        flickering about the shore.

18:54   It looks placid, serene. It moves in circles that disappear. It
        breathes slowly, sluggish old beast.

17

23:53   There are no lights left on the old mills around Crosses
        Green.

18

20:32   The still waters cast back the boat houses. The oily
        whirlpools waver slowly.

19

01:00   The Lee is a strong brown God.

20

00:22   Cruz luminosa na distancia: Chapel-on-the-Hill.
O seu resplandor vermello espállase pola corrente
calmosa.

10:26   Danzan as pombas, tan cursis, polos tellados con lique.

21

20:40   Maxestosas augas do inverno, xa sen aves.

22

11:56   Chove que arrepía. Unha borraxeira mesta invade o norte
da cidade.
Baixa o río avolto, desatado.

23

02:21   As torres de St Finbarr ollan de preto as chemineas da
Beamish, brillantes baixo a chuvia.

14:50   O río leva follas mortas, garabullos, latas baleiras de
cervexa que guindaron máis arriba pescadores sós,
aborrecidos.

24

15:25   A superficie semella talmente a tona dunha ameixa.

25

17:48   Feridas as murallas protectoras do forte Elizabeth, estrela
de pedra que esmorece.

26

20:50   As mazás galegas do Davide, gorentosas de seguro. Eu só
teño as mazás eternas de Fiona Desmond: purísima arxila
de Cork.

27

11:38   Chove o mar chovido, ai de nós.

19:40   Coa preamar e a chuvia tanta, o río saíu de madre. As
augas rebordaron, apropiáronse de rúas e avenidas. Con
carraxe alagaron a cidade toda, converténdoa en lagoa
insomne, lamacenta.

20

00:22   Bright cross in the distance: Chapel-on-the-Hill.
Its red glow spreading over the calm flow.

10:26   Gaudy pigeons dancing on the lichen roofs.

21

20:40   Majestic winter waters, and all the birds are gone.

22

11:56   Horrendous rain. A thick mist invades the Northside.
The river is set free.

23

02:21   The steeples on St. Finbarr's keep a close eye on the
Beamish chimneys, brilliant in the rain.

14:50   The river washes dead leaves, twigs, empty beer cans
thrown in upstream by lonely, bored fishermen.

24

15:25   The smooth surface is plum dark.

25

17:48   Injured the protective walls of Elizabeth Fort, a slowly
fading stone star.

26

20:50   Davide's apples from Galicia, devastatingly delicious.
I've only Fiona Desmond's everlasting apples: pure Cork
clay.

27

11:38   The rain falls on the rainy sea, what's to become of us.

19:40   Between the rainfall and the high tide the river has burst
its banks. The water runs down the lanes, reclaims the
streets and avenues. The city has become a sleepless lake,
buried in mud.

28

20:58   Pasa o vello Lee por riba das pontes, sobe ramplas, lambe a
        pedra dos cais coma besta supetamente esfameada.

29

09:43   As follas caídas amoréanse nas beiras, enchoupadas e
        podres.

30

01:06   A Beamish de novo exhala o seu alento de auga na frieza
        da noite.

31

03:15   Desapareceu a cidade entre a néboa densa, avermellada.

28

20:58   The old Lee pours over the bridges, climbs the slipways,
        licks the stone quays like a beast suddenly hungry.

29

09:43   Fallen leaves gather along the banks, soaked and rotting.

30

01:06   Once again Beamish pours its watery breath into the
        freezing night.

31

03:15   The city disappeared under the thick, raddled fog.

Alba do día

Calan os cans, escampa, finca
o amencer os seus dedos de friaxe
nos membros atordados,
esvaécese o veo ríspido da noite
e a luz penetra devagar as regañas
da casa, vagarosa ao comezo
mais súpeta logo, tépeda, invasiva,
coma un corpo entumido polo sono
que aos poucos recobra a consciencia de ser
e entra por fin no día, algo apanfado
desemboca no seu fluír
con acenares torpes e palabras ausentes.

E sen máis arfan os corvos entre matas,
espertan as crianzas, liscan autocares,
arde unha luz azulada entre abelleiras
onde repousan astros,
onde se abisman as olladas de granito
que non é, que non acorda
nin acordar pode pois vai ficando lonxe
de min por estradas verdes,
pola banda de Kinsale, de Skibereen acaso.

No ancoradoiro, a garza queda
e vibrátil coma un lóstrego nas tebras
espreita o río, as augas encalmadas
que lamben a rampla con verdello
na que non hai barcas, na que nada fica
senón cabichas, botellas, follas mortas: xa pasou
o tempo grisallo dos gameleiros, o resplandor
purísimo do sol ao bater de esguello
no escamallo das beiras. Emporiso
escoa a claridade entre as aceas vellas
e a fábrica de cervexa: abre o día,
estoupan de luz as chemineas, as torres,
os recunchos con silvas da casa esboroada.

DAWN

The dogs settle, the rain stops falling
and the icy-fingered dawn
crawls into bewildered limbs,
night's rasping veil falls back,
the light slowly fills the corners
of the house, gently to begin
then suddenly warm, conquering
like a body that stirs from sleep
gradually finding its way back
till finally it meets the day, dazed,
clumsily lumbering along the flow
with hollow, absent words.

And then hooded crows in the trees,
the kids awake, buses leaving
and a bluish light behind the beehives
where stars recline,
where granite eyes fall on the abyss
that recedes, that never wakes,
that never will as it pulls away from me now
down along the green ways
on the road to Kinsale and Skibereen.

Down at the harbour a heron
considers the river, feathers flutter
like lightening in the dark, calm
waters lapping the green-stained slipway
empty of boats; there's nothing
but cigarette butts, bottles and fallen leaves:
gone the fishermen's grey hour,
when the brilliant sun streaked the fish scales
along the shore. And still light drips
between the old mill wheels
and the brewery: as the day begins
light shatters the chimneys and towers,
the brambled corners of the house in ruins.

A noite demórase aínda nos elevados faios,
no alentar lene do río polas mestas, bretemosas,
deixadas fragas de Inniscarra.

Night still clings to the high beams,
to the soft, whispering riverrun, the thick,
abandoned groves of Inniscarra.

En Crosses Green

Hoxe recende a brea na contorna da casa
de Crosses Green, onde constrúen botes
cabo dos muíños. Perfuma o ar tan calmo
esa agridoce fragrancia, coma a que alaga
os ollos cando un vento inesperado
apaga na noite aromadas candeas.

Moi preto, medra unha árbore no interior
dun cacharufo, despunta agudamente
a copa polo tellado aberto á chuvia,
aos designios dourados da outonía
que pousa as súas xélidas gadoupas
sobre as lousas que caeron, no cascallo.

E como os serradoiros se esvaeron
e só fican daquel tempo serraduras
na memoria, traen a madeira de lonxe
para ensamblaren os trancanís e cadernas,
as amuras e codastes, e circunnavegaren
a illa da cidade, os seus esteos grises.

Ao redor sobre os muros proliferan graffiti:
galos vermellos e espirais estrañas, rostros
dramáticos, rúbricas esquivas. Escríbese
deste xeito a melodía que o tempo anova
para nunca finir, para se delongar arreo
en capas sinuosas, fermosamente coloridas.

Desde este cimo inxel flúe de esguello
a vida coma un triunfo, coma a recompensa
que o río leva ata as ondas de Cobh,
ata o esteiro que inaugura o horizonte
alén dos cantís con cruces onde se ofician
os esponsais do mar e as barcas, onde vertixinosa
arquexa a respiración albar da escuma.

In Crosses Green

It smells of tar today in Crosses Green
from where they're building boats
beside the mills. A bittersweet breath
fills the air, like when a sudden
gust at night perfumes your eyes
as the fragrant candle is quenched.

Close by, a tree appears inside
a ruined cottage, its crown lifted
through the roof open to the rain,
to the autumn's gold designs
that runs its icy hands across the
shattered slates, the fallen rubble.

And now the sawmills are all gone,
there's nothing but sawdust to recall
the time. Timber is imported now
to assemble ribs and gunwales,
sternposts and beams, to circumnavigate
the city island with its grey spars.

Graffiti covers all the walls:
red roosters swirling spirals
wild faces whorling tags that spin
the tune of time renewed
in surging layers that go forever
in endless incandescent colour.

From here, this easy height, life
pours slantwise victory like; a prize
the river carries to the waves at Cobh,
to the estuary and horizon beyond
the cross-marked cliffs that oversee
the coupling of boat and ocean, where
the breath of spume is heady.

NOVEMBRO

DÍA HORA

1

10:33   Retiraron o andarivel con boias onde paraban ponlas de salgueiro que tronzou o temporal.

2

11:25   Un corvo mariño amosa con fachenda o seu pescozo esguío na corrente. A seguir desaparece.

11:29   E outra vez emerxe triunfante, ledo.

3

21:22   As augas do río teñen a cor dos peniques vellos.

4

10:53   A garza cincenta espreita, coma sempre, estantía na enramada.

5

10:40   Baixa o río espido de murallas coma o mar de Antón Avilés de Taramancos. Mar de Noia.

23:34   A pega que, durante un intre tan só, se detén nos grises tellados, pousa agora na cancela da pradaría nevada de Monet.
Son talvez a mesma.

6

11:51   Remanso de gaivotas e remuíños lentos onde xiran follas.

7

09:15   As badaladas de St Finbarr ateigan o ar dun tremecer de ecos que resoa na mañá.

14:32   Voan os cisnes salvaxes, serenos e altivos, entre as ramalleiras do Lough e a revolta sinuosa de French's Quay, na banda sur do río.

8

11:39   A corrente ondea contra as silveiras do muro, que abalan incesantes.

November

1

     10:33   They slipped the lines attached to buoys where storm-tossed willow branches had come to rest.

2

     11:25   A cormorant proudly displays her slim neck in the stream. Then she's gone.

     11:29   And again she appears triumphant, sated.

3

     21:22   The riverwater is the colour of old pennies.

4

     10:53   The grey heron, still as ever, scans from the undergrowth.

5

     10:40   The river flows unconstrained and free like the sea for Antón Aviles of Taramancos. The sea of Noia.

     23:34   The magpie who, just for an instant, stops on the grey roof, hops now onto the gate of Monet's snowy meadow. They could easily be the same.

6

     11:51   Gulls slowly swirl on the water, whirlpools of spinning leaves.

7

     09:15   The bells of St. Finbarr's fill the air with trembling morning echoes.

     14:32   The wild swans fly serene and proud from the foliage of the Lough to the sinuous turn at French's Quay, south side of the river.

8

     11:39   The stream splashes the quivering briars that flicker against the wall.

9

12:12   O río enche e devala coa marea: tidal river. Río Traba.

10

12:02   Séntese claramente o docísimo recendo cereal da Beamish
e a fumareda contra o ceo, hoxe tan azul.

12:10   As augas semellan aquelas dun regato.

12:17   O paporroibo folga na táboa, espelido e festeiro.

12:20   Pousa a pega sobre o muro. Olla o corvo que pasa. Voa
lonxe ao saír o sol por tras da nube.

11

01:45   Lagoa escura. Calma vibrante de oucas.

02:40   Enche aos poucos a marea. Vai medrando o seu ventre
líquido e escuro.

12

09:35   Estanque de alameda con gaivotas loucas a revoar sen
pausa.

13

14:21   O cantante dixo: o tempo – sambesuga.

14

15:39   As gaivotas déixanse levar pola corrente. Aboian mainas
entre follas mortas.

15

12:20   Anda un gato por riba dos botes de pesca, varados entre a
herba.

16

22:33   Melodiosas ondas reverberan no silencio da noite.

17

11:42   O corvo contempla as augas desde o muro, ergueito e rexo
coma un señor feudal.

20:10   A ghostly heron crosses the river's flow. Suddenly it takes flight, grey and fleet.

28

11:55   A deep blue sky with little white clouds. The thick waters flow dark.

29

02:40   With W.B. Yeats:

All that we did, all that we said or sang
Must come from contact with the soil, from that
Contact everything Antaeus-like grew strong.

10:35   Waves of ducks playing in the green rocks of this falling tide.

30

11:12   How the rain smurs the banks of the Lee, still and quiet.

16:14   The heavens opened. Winter is come.

ESCURO LUGAR

Na memoria de Patrick Galvin e Mary Johnson

Habitamos o fondal dunha lagoa
(ou pode ser pantano, visguenta braña acaso)
con cortizas de piñeiro, pétalos murchos de amarelle.

Contemplamos, tendidos na lama,
a superficie ateigada de ponlas,
cisco, follas mortas aboiando na corrente,
revelando o lento fluír das augas,
dos despoxos.

No profundo xace a vida vexetal,
raíces sustentan pontes, edificios,
terman de nós, dan alicerce
aos nosos membros, xa tan cansos.

Coidadosamente examinamos a vida derredor:
larvas, insectos delicados, vermes
a se nutrir da corrupción
de corpos minúsculos
(mesmo pode ser pardal ou rato)
que apodrecen na ribeira, entre ramaxes,
orixinando vida nova, humus esencial que vivifica.

Observamos tamén as aves da xunqueira:
a garza esvelta, a ávida gaivota
preto das augas toldadas.

Ollade máis alá como o estorniño
escorrenta grallas e corvos,
como se oculta baixo tellas de lousa.

Ollade tamén os muros de pedra, a sebe de toxos
onde só pousan grises lavandeiras, destemidas,
talvez a pega, en días de chuvia,
mais nunca o tímido merlo.

THE DARK PLACE

In memory of Patrick Galvin and Mary Johnson

We live on the bottom of a lake
(that might be a swamp, a slippery boghole)
with pinebark, the fallen petals of snowdrops.

Lying stretched in the muck we contemplate
the branches that clog the surface,
the pine needles, dead leaves floating downstream
showing the slow flow of the water
and all the debris.

Life grows strong down here,
roots sustain bridges, buildings,
they hold us up, support us
and our spent limbs.

We delicately examine life around us:
larvae, worms, finely spun insects
who feed on the decay
of small bodies
(might be a sparrow or a mouse)
rotting on the riverbank, beneath the branches
giving new life, the essence that revives.

And we watch the birds in the reed bed,
the heron slender, the gabbling gull
rushing the dusky water.

Look there where the starling
spooks the crows and rooks
then dives for cover under the roof slates.

And over there the stone walls, the gorse
where the grey wagtail lights, bold,
or a magpie on a rainy day
but never the hedge-hop blackbird.

Fronte aos pasais cubertos polo lique
reparamos nos detritos, cousa nosa:
unha fibela rota, un petador ferruxento
que xa non baterá en porta ningunha
(el pode ser un anzol, quizais o carro
dun supermercado) ou un penique vello.

Volvemos finalmente a mirada cara á beira,
cara ao pole que impregna os terróns, os restos.

Procuramos tépedo abeiro nesta friaxe,
toda a calor que albergan eses ollos,
o tacto das mans, o alento lene,
unha cálida luz para o estraño,
escuro lugar no que habitamos:
raíz e semente, avolto sedimento
dos nosos desgastados corazóns.

And by the lichen-covered steps
we take heed of our old leavings:
a broken buckle, a door knocker rusted
that will never again rap any door
(that might be a fish hook, might even be
a shopping trolley) or an old penny.

And finally we turn back to the bank,
to the pollen-covered earth, the dusted remains.

We stretch out for warmth in this cold,
hold all the heat in our eyes,
the hand's touch, the velvet breath,
a welcome light for the strange
dark place we inhabit:
roots and seedbed, quivering sediment
of our own worn-out hearts.

MILAGRE DE LUZ

Quen lle dixo que non esta noite ao vento?
Quen abriu as portas dun alboio de táboas?
Quen estendeu unha pátina de neve
sobre os tellados de lousa, nos recantos
máis escuros dos xardíns traseiros?
Quen deixou prendida a lúa,
pendurada no alto coma unha bágoa alegre
entre as torres da igrexa?
                              Quen sentiu
a respiración vexetal das flores ventureiras
que ao sol do inverno, ávidas do fulgor do día,
renden o corazón coma un milagre de luz?
Quen lles ha pechar ao empardecer os ollos
sen poñer nas súas pálpebras peniques?
Quen contempla desde a fiestra o tránsito do río,
o tránsito da vida que sen pausa recomeza?
Quen é esa sombra líquida que en silencio
escorrega furtiva á beira das aceas,
nos ocos da limacha? Quen soñou o devalar
das horas, o frío, os rastros do poema?

THE MIRACLE OF LIGHT

Who said not tonight to the wind?
Who opened the doors of the lean-to?
Who spread a coat of snow
over the slate roofs, into the darkest
corners of all the back yards?
Who left the moon on,
dripping like a pleasant tear
between the church towers?
     Who felt
the wild green breath of the flowers
keen for winter sun, for the day's brilliance,
as they offer up their hearts to the miracle of light?
Who will close their eyes to the gloaming
and not place pennies on their eyelids?
Who watches from the window the river flow,
life passing by, endlessly again?
Who is that watery shadow that silently
shifts by the millwheel seeping
through the slug holes? Who dreamt the hours
leaving, the cold, the tread of the poem?

DECEMBRO

DÍA HORA

1

11:20   Aterecen as pombas nos escuros tellados.

2

10:15   A lúa ficou suspensa no ceo invernizo: lúa pálida e
         pequena coma o globo dun cativo no poema de Hulme.

11:19   Fumegan as pedras orballadas ao bater nelas o sol morno
         de inverno.

3

20:32   Espello laranxa nos muros, na ramaxe anoitecida.

4

19:22   Calmas as augas, o seu fluír tan lene por baixo de South
         Gate Bridge.

5

17:35   As nubes tornan vermellas no solpor tan lento.

23:58   Á beira do cai revoan sen parar insomnes as gaivotas.

6

23:40   Tanto subiu a marea que as augas plúmbeas estañaron
         coma unha ferida fría.

7

13:03   Remadores de French's Quay: os homes das tres agullas
         (Steeples of St Finbarr) estendían a secar as súas redes
         polos muros. Así na Ponte de Noia, Malecón, Campo das
         Rodas.

8

11:38   Carol dixo: só unha vez o río olla os campos, as pontes, os
         almacéns vellos do porto. Nunca van cara a atrás, as augas.

9

20:48   Chega ata a fiestra aberta o xordo marmurio da corrente:
         tremor incesante, latexar tenso, música azul contra o
         medo.

DECEMBER

1

11:20   Pigeons shivering on the dark roofs.

2

10:15   The moon hung in the wintery sky: pale moon; small like the child's balloon in Hulme's poem.

11:19   Steam off the dew-coated stones from a glance of the winter sun.

3

20:32   Orange reflection on the walls among the dark branches.

4

19:22   Quiet the water, the smooth flow under South Gate Bridge.

5

17:35   The clouds redden in the gradual twilight.

23:58   Restless, skirling gulls down by the quays.

6

23:40   The tide rose so high the lead waters congealed like a cold wound.

7

13:03   The boatmen of French's Quay: the men of the three needles (St. Finbarr's Steeples) haul their nets over the walls to dry. Just like in Ponte de Noia, Malecón, Campo das Rodas.

8

11:38   Carol said: the river looks just looks the once over the fields, the bridges, the old warehouses along the docks. It never looks back, the river.

9

20:48   Up to the open window rises the river's murmur: the endless flow, the quick ripple, the blue music to the fear.

10

09:30   Unha xarada de pombas ateiga de súpeto o ar bretemoso da mañá.

11

01:42   Co vello Pound: todo flúe, di o sabio Heráclito; mais unha chafallada ruín ha gobernar o noso tempo, ha reinar nos nosos días:

All things are a flowing,
Sage Heracleitus says;
But a tawdry cheapness
Shall outlast our days.

21:19   O vento acariña a superficie con dedos lenes, garimosos.

12

04:04   Orballa miúdo. Xa chían os paxaros na tebra dilatada.

13

19:40   Baixan coas augas moreas de materia vexetal, sedimentaria: follas, fiúnchos, garabizos. E sen máis un enorme peixe desventrado e podre, branquísimo aínda.

14

20:14   Move o vento a ramallada vizosa onde repousan barcas.

15

13:10   Río arriba, vista de Delft: mesmamente semella que os ollos de Vermeer pousasen nos Lee Fields. Iso si, sen o anaco de muro amarelo que tanto seduciu a Marcel Proust, ano de 1902.

16

19:15   A chuvia que non para enchoupa os vidros embazados, a ollada anubrada do anxo de St Finbarr.

17

15:30   Where Finbarr Taught Let Munster Learn, no teu aniversario.

18

14:38   Un corvo mariño pousa fachendoso nas ponlas desprovistas de follaxe.

10

09:30   A bevy of pigeons swell of a sudden the misty morning.

11

01:42   With old Pound:

All things are a flowing,
Sage Heracleitus says;
But a tawdry cheapness
Shall outlast our days.

21:19   The wind fondly caresses the surface with soft fingers.

12

04:04   Fine rain, the birds chirruping in the vast darkness.

13

19:40   Flowing downstream all the forsaken leavings: leaves, twigs, wild fennel. And then along comes an enormous, gutted fish, rotting and belly-white.

14

20:14   The wind stirs the lush undergrowth where the boats settle.

15

13:10   Upriver, view of Delft: As if Vermeer's eyes had settled on the Lee Fields. And where's that little patch of yellow wall that called to Marcel Proust in 1902?

16

19:15   The endless rain drowns the bleary windows, a dreary sight the Angel of St. Finbarr's.

17

15:30   Where Finbarr taught let Munster learn, on your birthday.

18

14:38   A cormorant lights proudly on a bare branch.

19

18:04   Rumbo oeste: Lee, Bandon, Feale. Augas ceibas, invernosas.

19

18:04   Westward: Lee, Bandon, Feale. Free waters, wintering.

En días de augas

En días de augas a vida derredor acouga
en tobos, niños, en furados vougos:
paraíso mortizo de sombras, de palluga
ciscada en oquedades, de trasfego intenso,
acarrexar de vermes. Case semella a vida
unha mañiza de imaxes olladas a través
dun fachinelo: poxigo ou televisor, quen sabe
e que máis ten. Os pequenos corpos
arrímanse, arrechéganse, resmungan
alleos á xélida arroiada que enchoupa
lousados e patios interiores e xardíns traseiros.

Pinga arreo en desmaceladas pombas
desde o beiril, o cano: un dioivo desce
por escadarías vellas ata as caustras
do furón, o raposo, a denosiña
que se engruñan
entre a ferruxe parda dos trebellos.
Sumidoiros e canles non abondan
para coutar a bategada: inza canellas,
reborda rebuldeira, encórase en recantos
coma quen ve chover.

E talmente coma a auga
escorrega pola corda esfiañada dos tendais,
esvara con vagar das lousas dos tellados
e das táboas arrombadas no cuberto,
ateiga os pradelos choídos con muradellas gastas
aló na costa oeste,
avidamente invade as largacías chairas
e vai aos poucos alagando a illa,
así as palabras esmiúzan o que ocorre
na contorna da xanela.

Sómese de vez a veciñanza en mantos,
acubíllase calma en lareiras festivas
de turba fumegante, manseliño lecer

42

On Rainy Days

On rainy days life close to home
settles in, hunkers down, nests:
slow decay, paradise of shades, the husks
flung to the pits, the hard shift,
the movement of worms. It's as if life
were a horde of snapshots through a skylight:
a cat flap or TV screen, who knows
and sure what of it. The tiny bodies
cluster together, huddle close, grouse in
out of the freezing rain that douses
the roof slates, porches, the back gardens.

It streams down onto the tattered pigeons
from the eaves, the drains: teeming
down the old steps to the burrowing
weasel, ferret and fox
who draw themselves in close
under the rusted tools.
Gutters and sewers are not enough
to hold the deluge that swells the backstreets,
overflows and rebels, rushes the nooks
like water off a duck's back.

And just as the water
slips along the ragged washing line,
it slowly slithers down the roof slates
and the timber-topped wood pile,
spills over the fields, the worn stone walls
farther westwards,
surges across the great plains
and rain by rain inundates the island,
so the words break down what happens
beyond the window.

Finally, the neighbours under blankets
casting calm around the fire
of smoking peat; quiet time

que aroma as rúas outonizas
á hora do solpor por bairros
baleiros de pasantes, por escuras campías
nas que tremen as mans, adormecen aves,
abalan os fieitos.

that scents the wintery streets
at sunset and no passers-by
on the beat, and out to the dark fields
of trembling hands, of birds asleep
where the ferns shiver.

MÚSICA AZUL CONTRA O MEDO

In these green fields I pray against barbed wire
Pearse Hutchinson

Esta páxina ten ríos, arterias coma sombras
sobre a tona dun planeta, vetas ou mares
lunares tras dun gran solpor vermello,
carochas dos vougos paramais de Connemara,
mais funda un espazo de resistencia contra o medo.

Aquí estiñan as chuvieiras e o resío da mañá
apousa en bagas, en follas renegridas;
latexa aquí tamén o alento dos mascatos
e peneira o sol a luz de seu entre a follaxe
de tres bidueiras de prata.
                              Acalman aquí
coma unha música estival todas as bátegas
do inverno pasado e do inverno
que aínda non soñamos, mais que agoira
xa o seu vagaroso transcorrer en nubes baixas.

Aquí, aquí mesmiño, xace o espido
fluír da caligrafía de Pearse Hutchinson,
cursidosa coma o trazar dun paporrubio
sobre a ponla torta da maceira en flor
que enche a relva de ledicia, pétalas, folerpas.

Aquí as douradas tesoiras de tosquiar
aboian entre os arames que T. P. Flanagan
ergueu no medio das palabras, pregaria azul
contra o silencio, azul contra os interminábeis
saloucos que entrecortados chegan coma un eco.

Nos ríos desta páxina treme a bris
de Seán Ó Riada coma unha respiración tan nosa
sobre a orgánica materia, unha airexa
que torna documento de cultura, testemuña
da barbarie, música azul contra o medo.

BLUE MUSIC TO THE FEAR

In these green fields I pray against barbed wire
Pearse Hutchinson

There are rivers on this page, arterial shadows
across the planet's skin, seams or lunar
seas seen through a red sunset,
the crusted waste of the Connemara moors
that deepen the reach, the defiance of fear.

Here's where the rain clears, where the frost
cleans the berries and the ice-black leaves;
and here's the gannets' gasping breath,
the sun glancing through the growth
of three silver birches.
                        Hushed here
as summer melodies all those downpours
of last winter and the winter
still undreamt, but foretold
by the low, traipsing clouds.

Here, right here is the clear flow
of Pearse Hutchinson's hand,
neat as a robin's leap down the branch awry
of an apple tree in blossom
that fills the lawn with joy, petals, snowflakes.

Here float the golden shears
that T.P. Flanagan lifted up to the barbed wire
of words; blue prayer
to the silence, blue to the everrun
of tears that cleave and echo back to us.

Down this page the rivers tremble
with the breeze of Seán Ó Riada, our own
breath over all the organic matter, an air
made document of culture, witness
to barbarism, blue music to the fear.

Xaneiro

13

23:12   Nos feixes de luz dos farois arremuíñase a chuvia:
        esplendente revoar de vagalumes.

14

20:49   'A garza sempre procura o cumio, o brillo das alturas' –
        Lafcadio Hearn.

15

21:10   En Clarke Bridge: plenitude da corrente baixo a pedra
        parda da ponte, decote recuberta de hedreiras e de silvas.

16

17:35   Cae devagar a noite sobre os tellados, as augas atoldadas.

17

20:38   No medio do temporal semella o río unha serpe
        afervoada, un fero corvo sen niño.

18

15:18   A sarabia fúndese quedamente ao penetrar as pucharcas
        da ribeira. Un vento amargo bate inclemente nos rostros,
        nas fiestras xa acendidas.

19

20:33   O son das campás da catedral asolaga os xardíns tapizados
        de laudas.

20

18:40   Apodrecen as barcas á beira do río, baixo a chuvia.

21

23:48   No río Candamo, o peixe come nos froitos madurecidos
        que caen das árbores —sabedores, os homes tiran pedras
        ás augas como engado.

22

14:18   Verdello tenue cobre aos poucos a pedra clara do muro.

23

15:03   Achan acougo gaivotas na xélida corrente.

January

13

23:12   The rain mills about the light beams from the street lamps: bright flittering of fireflies.

14

20:49   'The heron always seeks the heights, the bright peaks' – Lafcadio Hearn.

15

21:10   On Clarke Bridge: at full flow beneath the brown stones of the bridge, forever covered in briars and ivy.

16

17:35   Night gradually drops over the rooftops, the cloudy water.

17

20:38   Mid squall the river's like a fiery serpent, a raven raging without a nest.

18

15:18   The hailstones quietly melt in the puddles on the riverbank. A bitter wind whips wickedly into our faces, all the windows are lit up.

19

20:33   The sound of Cathedral bells resounds around the tombstones.

20

18:40   Under the rainfall boats rotting on the riverbank.

21

23:48   Along the River Candamo the fish swallow the ripe fruit fallen from the trees – expert fishermen toss pebbles in as bait.

22

14:18   The moss gently grows over the clean stones on the wall.

23

15:03   The gulls are lulled around the icy waters.

24

16:47   Ceos cárdenos do solpor, salferidos de nubes.

25

22:38   O petrel voa na noite pecha de Alexander Selkirk. El será por iso que tamén lle chaman alma negra?

26

11:02   Unha fumeira densa esvaécese no ar transparente da mañá.

27

23:49   Augas escuras, ribeiras ermas do Lee.

28

20:35   Friaxe na noite, xeada da invernía nos soportais baleiros.

29

14:20   Plácido discorrer do río polo Sullivan's Quay, con gaivotas pensativas nas pontellas.

30

18:49   Ramalleiras murchas amoréanse en peares.

31

13:10   Unha garza fita as augas pousada nas ponlas do salgueiro, estantía coma un penedo branco.

24

    16:47   Violet skies at twilight flecked with clouds.

25

    22:38   The petrel glides through Alexander Selkirk's dark night. Is that why they call him dark soul?

26

    11:02   A thick cloud of smoke slowly dissolves in the clear morning air.

27

    23:49   Dark waters, barren banks of the Lee.

28

    20:35   Night cold, winter frost thick along the empty arcade.

29

    14:20   Calm riverrun by Sullivan's Quay, pensive gulls on the footbridge.

30

    18:49   Bare shrubs huddle against the stone posts.

31

    13:10   A slender heron glims the still water through the willow branches, frozen like a white rock.

RÍO LEE

Para Xurxo Souto, que nos contou o mar de Irlanda

Non é regato cativo: río fachendoso
que baixa follas mortas cara ao mar,
bulsas plásticas e cisco, cabichas, pétalos mirrados.

Aboia abondo refugallo nas augas pardas, lamacentas,
que o levan todo cara ao mar, cara á badía.

Vidros rotos xacen na ribeira mansa
a coruscar coma escuras alfaias no bulleiro.

Nas marxes, corvos aleutos peteiran no lixo,
gargallan algareiros sobre muros de pedra,
erguen as negras ás levando o ceo da noite
ás nubes asolladas da cidade, ás ramaxes de espiño.

A garza cincenta espreita nunha ponla
de salgueiro, queda e concentrada,
inmóbil, insensíbel ao trasfegar dos paseantes.

Nenos pescan
muxo voraz, peixe fedorento
que sobe ata a cidade co devalo da marea
e enreda con vermes, garabullos,
o corpo túmido ateigado aínda
de auga salgada, da longa travesía.

Entre as rochas abalan oucas dondas, visitadas
por insectos diminutos.
                    Unha lavandeira afagadora
osma desde a pena esvaradía, cuberta de mofo,
pois que a chuvieira rebeirou a terra
e lentas agroman tórpidas miñocas.

THE RIVER LEE

For Xurxo Souto, who told us about the Irish Sea

It's no feeble flow: a proud river
where dead leaves are swept out to sea,
plastic bags and pine needles, cigarette butts and rotting fronds.

There's no end of dregs in the brown, muddy water
that carries everything past the bay and out to sea.

Broken bottles float jauntily by the riverbank,
glittering like dark jewels in the sludge.

Along the borders wry crows peck at the rubbish,
then squawk continuously from the stone walls,
raising their black wings, they hoist the night sky
to the city's bright, shining clouds, to the thorny briars.

The grey heron standing still
watching between the willow branches,
unflinching, indifferent to the passers-by.

The children fish
the hungry mullet; stinking fish
that swim low tide to the city
tossing twigs, toying the worms,
their bloated bodies swollen
with salt water from the journey.

Between the rocks feathery crowfoot trembles
plagued by tiny insects.
                    A wagtail skites
from the slippery, moss-covered stones
as the rain churns the earth
and the clumsy worms slowly appear.

O río é un camiño vello, preguizoso,
que o leva todo cara ao mar,
que a todos leva cara ao mar, cara ao esteiro.

Un antigo rumor de turba no interior
non revela aínda a fin do inverno, o estoupido
da luz, de altivos amarelles.

Non hai cobras aquí, áspera ausencia.

The river is an old, slow road
that carries everything out to sea,
all of us out to sea, through the estuary.

The old muttering of turf from within
says nothing of winter's end, the turning
flash of light, the bright daffodils.

There are no snakes here, this wretched emptiness.

ELEXÍA NO INVERNO

Pertenzo a unha atlántica
estirpe
que me acolle lenturenta coma aperta de medusa,
beixo ávido, mariño.

Teño a alma ateigada de salitre
a aboiar sen rumbo
esmacelada, pendular e escura
da Aguieira ata Inchydoney,
dos infindos areais de Dingle ata os cons de Corrubedo,
das furnas de Fonforrón ao peirao de Crosshaven
onde xogan nenos, musicais e luminosos.

En Clonakilty, na badía, ollei as garzas lenes
que xa nunca
han pousar nas xunqueiras do Barbanza.

Nas ribeiras de Cobh achei despoxos
de arroases que esmorecen polos coídos da Arnela,
extraviados cegos.

E non fago pé entre araos apodrecidos,
gaivotas abisais, inmensos farallóns
nos que baten correntes invasivas, ondadas
densas en cantís espidos de panasco.

Chegan ao cais espolios, áncoras sombrizas
arrefecen a Misela. Escoa un lamento
entre rochedos negros,
arfan aves.

ELEGY IN WINTER

I belong to an Atlantic
kin
welcoming as a moist, medusa's embrace,
an avaricious kiss from the sea.

My spindrift soul
desolate floats
darkly pitched
from Aguieira to Inchydoney,
from the infinite Dingle strand to the wandering rocks of Corrubedo,
from the Fonforrón sea caves to the pier at Crosshaven
where the brightly singing children play.

Down Clonakilty Bay I watched the heron
who stands no more
in the eel grass of Barbanza.

Walking the shore in Cobh I came across the remains
of bottlenose dolphins who faltered in the cove at Arnela,
lost and blind.

And I'm out of my depth among rotting razorbills,
the abyssal gulls, immense sea stacks
beaten back by invading waves,
gusts buffeting the stripped cliff face.

Remnants arrive at the quays,
dark anchors chill the Misela. A lament stumbles
over the black rocks,
birds sigh.

Febreiro

1

23:53   Bafexa lene a superficie, calma de lagoa.

2

13:30   Olla o pescozo brillante do corvo mariño agromando na revolta: polo río abaixo vai, xovial e autente coma unha vella canción.

3

23:58   Espella o edificio as fiestras acesas nas augas empozadas, no discorrer inmóbil.

4

19:12   Con Patrick Kavanagh no Grand Canal, Dublín: celebrádeme alí onde houber auga, preferibelmente auga de canal, tan queda e verdeal no corazón do estío:

O commemorate me where there is water,
Canal water preferably, so stilly
Greeny at the heart of summer.

5

12:03   O corvo mariño enreda pola revolta adiante na mañá tépeda de inverno.

6

14:33   Loce o sol do mediodía por entre o cascallo da casoupa.

7

13:10   Grupos de estudantes camiñan enfastiados por Western Road, algo cansos quizais, entre clases.

8

11:18   Así di a cántiga das pegas: unha para coita, dúas para dita, tres para unha nena, catro para un neno, cinco para prata, seis son para ouro, sete para un segredo, que gardar debemos:

FEBRUARY

DAY	TIME

1

23:53   Quiet breath on the surface, lake-calm.

2

13:30   Watch the sleek cormorant's neck rounding the river:
downstream she goes, clear and light like an old song.

3

23:58   The windows in the buildings shine back from the pooled
water, the still flow.

4

19:12   With Kavanagh on the Grand Canal, Dublin:

O commemorate me where there is water,
Canal water preferably, so stilly
Greeny at the heart of summer.

5

12:03   The cormorant sails round the riverbend into a warm
winter morning.

6

14:33   The midday sun peaks through the cottage
in ruins.

7

13:10   A gang of bored students walks down Western Road, tired
most likely, between classes.

8

11:18   So the magpie song goes:

One for sorrow, two for joy,
Three for a girl, four for a boy,
Five for silver, six for gold,
Seven for a secret, never to be told.

Ai, unha pega namais no cimo da cheminea!

9

20:23   Cinza no ar, nos rostros, nas olladas vougas.

10

23:39   Chove arreo. Resplandecen as lousas nos tellados da veciñanza: Barrack Street, French's Quay, St Finbarr's Place.

11

20:48   As árbores, espidas polo inverno, deixan ver a casa do bispo, cáseque nunca iluminada.

12

13:20   Súpetas chuvieiras asombran o ceo, enchoupan os patios interiores.

13

12:35   Un vento fortísimo peitea a superficie encrespada das augas.

14

23:58   Discorre o río escuro e calmo coma unha gran serpe nocturna.

15

10:35   Como revoan as gaivotas polo ceo azul con fume.

16

12:10   Matina o corvo no alto da muralla.

17

13:08   Nunca torna o río lugar da decepción, espazo propicio ao desafecto —preferido ámbito en troques, marco amado.

18

10:33   Pantano Corcaigh: respiración feble da xunqueira, merlo nas reixas do sagrado.

One for sorrow, two for joy,
Three for a girl, four for a boy,
Five for silver, six for gold,
Seven for a secret, never to be told.

Ah, there's one magpie left on the chimney!

9

20:23   Ash in the air, on our faces, in our eyes.

10

23:39   Endless rain. The neighbours' roof slates gleam: Barrack
         Street, French's Quay, St. Finbarr's Place.

11

20:48   The trees are naked now it's winter, so we can see the
         Bishop's house that's nearly always in darkness.

12

13:20   Sudden showers obscure the sky, the patios are drenched.

13

12:35   The fierce gusts upscuttle the waves on the water.

14

23:58   The dark river runs quiet like a long serpent at night.

15

10:35   Seagulls skirl through the blue, smoke-filled sky.

16

12:10   The raven ruminates on top of the wall.

17

13:08   The river never pours deception, disaffection never flows,
         it's my favourite domain, my beloved haunt.

18

10:33   Corcaigh the swamp: slight breath through the rushes,
         blackbird on the graveyard's railings.

19

08:12   A luz do amencer penetra quedamente nos cuartos baleiros, nas olladas adormidas.

15:38   Ringside, Clontarf, Howth, Malahide: as aves na ribeira bracuñan coa friaxe.

20

12:29   En Drumcondra hai un niño de pega. Hai un niño de pega nun xardín de Drumcondra. Hai en Drumcondra un gato negro e branco. E un niño de pega nun xardín.

21

11:40   Acougo na mañá borrallenta, poboada de toxos florecidos.

22

20:19   Xélidas augas, tremecentes coma pombas grises de Pompeia.

23

16:32   Neva mansiño sobre as campías do Lee. Branquísimas folerpas cobren aos poucos pontes, valos, automóbiles.

24

11:18   Un gato espreguízase nugallán nos xardíns de atrás da casa – mesmo semella a nosa amada Ruth-Anne, tristemente xa tan lonxe.

25

16:32   Enredan os corvos no panasco, xogantíns, leantes, argalleiros.

23:38   A preamar converte o río en lagoa enchida, lecer de augas paradas.

26

11:20   Mentres os fríos restos da mañá perduran nos tellados con mofo, gaivotas aturuxan á beira dos muíños, sobre balcóns baleiros.

27

22:38   Pousada nunha trabe, olla a garza o pasar das augas quedas.

28

19:56   Florecen amarelles no adro de St Finbarr, ameixeiras nos xardíns de College Road.

19

08:12   The quiet, early light slips into the empty rooms, the sleeping eyes.

15:38   Ringsend, Clontarf, Howth, Malahide: shorebirds shiver in the cold.

20

12:29   In Drumcondra there's a magpie's nest. There's a magpie's nest in a Drumcondra garden. There in Drumcondra there's a black and white cat. And a magpie's nest in a garden.

21

11:40   A grey morning, quiet. Full of blooming gorse.

22

20:19   Frozen waters that tremble like the grey pigeons of Pompeii.

23

16:32   Soft snow on the Lee plains. Snowflakes whiten bridges, fences, cars.

24

11:18   A lazy cat stretches out in the garden behind the house – just like our beloved Ruth-Anne, now sadly gone.

25

16:32   The crows play about the grass, skitting, noisily flitting.

23:38   High tide turns the river to a brimful lake, the comfort of still water.

26

11:20   The remains of the morning chill are still visible on the moss-covered slates, while the gulls cry by the millwheels, from the empty balconies.

27

22:38   Quiet on a roof beam, the heron watches the stillwaters passing.

28

19:56   Daffodils in bloom round St. Finbarr's, plum trees in the gardens along College Road.

Os amarelles

Así chegan en febreiro ou en marzo os amarelles:
un estoupido súpeto que se esparexe en testos,
por carreiros moi deixados, nos xardíns todos da illa,
en recantos íntimos, en profusión voraz
e fuxidía.
                    Así chegan para axiña esvaeceren
coma un relampo cegador que se disipa
na memoria dos poemas que cantaron
o florecer da danza inxel dos dafodelos
nos lindeiros da terra que os alberga
sen usura, nos beirais sen nome
desta illa, por congostras e vereas.

Son inequívoco sinal da chegada da luz
no medio da friaxe, unha vitoria baril
da calidez nos postremeiros
alentares do xeo entre físgoas
e raigañas acendidas.

                    Primavera na invernía
suspendida no tempo, estación de seu,
aclamación sempiterna da reverencia
ante pucharcas e gabias, espazo aberto
á promesa dun nacemento sempre novo,
decote renovado para deleitación das aves,
síntoma espido dunha resiliencia
que non é deste tempo, que xa non é de noso,
senón que procede dunha estirpe antiga.

Nestes días nos que a chuvia acalma e pugna
o sol por amosar un rostro refulxente,
talvez por mor do interregno entre ballóns
xa os cisnes non visitan a revolta do río
en Crosses Green, nocturnos e lunares,
onde aínda se aferra o frío ás arcadas
e aos muíños, a recunchos do Lee
tan pouco transitados.

THE DAFFODILS

And now in February or March come the daffodils:
a sudden sunburst that showers the pots,
brightens abandoned paths, the island's gardens,
all the secret corners, in spate
and fleeting.
            Appearing just to disappear
like a blinding flash of light that fades
in the memory of the poems that sang
of the blooming dance of the daffs
verging in the small earth that held them
for a spell, along the nameless paths
of the island; the rutted routes, the tracks.

They're a sure sign the light has cleaved
the cold, a bold victory
for the warmth during the last
breath of ice between the cracks
and beams of light.

           Midwinter spring
suspended in time, the triumph wrapped
up in itself, the enduring delight
leaving puddles and ditches, open fields
and the promise of renewal
revived to the birds' rapture,
the barren symbol of resistance
not of this time, that is no longer ours
but comes from an older line.

These times of ours now when the rain calms
and the sun struggles to show its face,
when spells between showers are short,
the swans –nocturnal and moonsent–
no more turn the riverbend at Crosses Green
where the cold still holds to the pillars
and millwheels, and the hidden curves
of the Lee so rarely seen.

Cara a onde
foron, en que lugares se foi depositando
o seu ronsel albar, a súa branquísima
sombra movediza?
Que esquecidos espazos
ocupou do seu batuxar a furtiva onda
que asolaga os predios, o seu fulgor apenas entrevisto
coma a chegada fúlxida, vernal, dos pasadíos amarelles
que están e xa non máis están?

Facing where they've gone,
in what places have they left behind
their silver wake, their shimmering
white shadow?
What forgotten spaces
held the isolated splash and secret wave that
overflowed the buildings, their brilliance barely seen
like the arrival in bright, green spring of the passing daffodils
that are there then gone?

A luz dos días

Mentres o mundo se esfarela derredor
arden lonxe as lumaradas do pasado,
afúndense as lembranzas dos perdidos
momentos que nunca volverán,
da friaxe concentrada en alvarizas
coma nun poema de Uxío Novoneyra.

Mentres o corazón oculta un tempo roto
do túnel nos recantos máis escuros,
un arco da vella escintila nunha ouriza
alí onde mofo e brión tantísimo proliferan
e vibran aterecidas as oucas
a carón da augusta pasaxe dos cisnes.

Mentres canta leda a mocidade
nas escadarías que descen cara ao río,
constrúe o estorniño a súa casa baleira
baixo as lousas brillantes pola chuvia,
entre os laños que abriron ventos agres,
nas recónditas físgoas da lombriga e a sombra.

Mentres a tarde espella os rostros devastados
da multitude que prega xunto á ponte,
baixa coas augas un remuíño de flores,
coroas aínda vivas que han iluminar as beiras
do recordo, as beiras da morte, as beiras do que fica
entre os dedos das mans cando todo remata.

Mentres en Crosses Green se esparexe a luz dos días,
mentres o ronsel das barcas bagulla na revolta
e na rampla respiran cercetas apencadas
tremeloce o sol contra o metal das chemineas,
aroman as estancias torradas pradarías, aroman
o amor funéreos crisantemos, gris incensario de nardos.

THE LIGHT OF DAY

While the world around crumbles
the lumber of the past burns in the distance,
memories of lost moments are drowned
and will never surface,
as the stinging cold of the beehuts
in Uxío Novoneyra's poems.

While the heart hides the bleak hours
in the darkest alcoves under the quays,
a rainbow flares on a chestnut burr
where the moss and lichen grow
and the crowfoot trembles by the riverbank
at the glorious passing of swans.

While the children sing lightly
on the stone steps to the river,
the starling builds its empty nest
under the rain-bright roof slates,
between the cracks made by bitter winds,
in the hidden crevices of worm and shade.

While the evening casts the devastated faces
of the crowd praying by the bridge,
a spray of flowers floats by on the water,
living wreaths that will illuminate the shores
of memory, the verge of death, the tip of what's
left in your hands when everything ends.

While in Crosses Green the light of day dissolves
as the wake of the boat weeps through the riverbend,
the mottled teal rests on the slipway
and the sun shudders against the iron chimneys,
rooms are perfumed from roasted prairies, love
perfumed by funereal chrysanthemums, the grey incense of tuberose.

Marzo

MARCH

1
    22:23   The night's breath is cold and desolate.

2
    13:29   Blackbird settled on the roof in the afternoon sun.

3
    11:30   Lichen grows on the walls of the house, and only the pigeons are home.

4
    09:18   A sudden shower that's stretched brilliantly across the morning like the golden strings of an ancient harp.

5
    15:12   The warm sun lovingly overwhelms all the rooms in the house.

6
    18:33   A quiet night falls over a serene city, the sky is cast in pale orange.

7
    11:20   In a garden in Noia Irish daffodils, golden like the mornings in March.

    13:21   Recalling that insult also burns: the voice clear and high, calm but angry as it echoes through the whole parish, down the paths and along the ditches, the muddy banks, across the meadows and the puddles in Lesende, Dad.

8
    23:39   The stream swirls concentric circles of water where the night slowly drowns.

9
    10:18   The Beamish brewery bellows like a wild animal caught in the calm morning.

10
    21:03   The grass grows high on the slipway but there are no skiffs.

11

23:48   Ría. Meu marnel.

12

19:48   Un vento frío trae a min o chirlar doce do merlo entre as sombras do entardecer.

13

17:19   Van as cercetas río abaixo, levadas pola corrente calmiza.

14

12:01   Dous corvos mariños pousan nunha ponla sobre o río, estantíos, estatuarios.

20:36   A miña nai ten o xardín cheo de flores, mansa tormenta de luz xunta o vello pozo branco.

15

11:18   Esvaran as pombas nas lousas do tellado que enchouparon as chuvias tan intensas.

16

17:53   A néboa envolve engordiño as chemineas.

17

14:08   Baile Bhúirne, Cúl Aodha: o orgullo da pertenza, o amor profundo pola terra.

18

13:39   Unha parella de merlos anda a facer o seu niño na parede con silveiras. Entran na fenda con pallugas no peteiro, moi aplicados e ledos.

19

15:49   O sol apracíbel de primavera acariña os corpos, as cálidas estancias.

20

18:23   Baixa o río pardo e revolto pola chuvia, unha pomba encolleita repousa no tellado.

21

11:58   Aínda seguen alí, na mesma ponla, estatuarios baixo a chuvia teimosa, aqueles corvos mariños.

11

23:48   The ria. My floodlands.

12

19:48   A cool wind brings the sweet song of the blackbird through the shadows of the gloaming.

13

17:19   The teal float downriver, carried along on the slow current.

14

12:01   Two cormorants resting on an overhanging branch by the river, still, statuesque.

20:36   My mother has the garden in full bloom, a soft buffeting against the old white well.

15

11:18   The pigeons slip across the roof slates drenched in the heavy rain.

16

17:53   The fog slowly enfolds the chimneys.

17

14:08   Baile Bhúirne, Cúl Aodha: The pride of place, the deep love of land.

18

13:39   A pair of blackbirds making their nest in the bramble-covered wall. They hop through the gap with chaff in their beaks, happy and hard at work.

19

15:49   The hushed, spring sunshine softens our bodies, the warm rooms.

20

18:23   The muddy river churning downstream after the rains, a pigeon huddles on the roof.

21

11:58   They're still there on the same branch, statues under the insistent rain, the cormorants.

22

16:08   O piñeiro murcha vagaroso no xardín onde enredan
         grallas témeras.

23

11:30   Xa están entre nós as andoriñas, oxivais e esquivas coma as
         fiestras do Tapal que celebrou don Ramón Otero Pedrayo.

24

12:35   Recende a fume de turba polas rúas silenciosas.

25

15:28   Camiña o gato sobre os botes, por táboas xeadas e carteis
         vellos con rostros que sorrín.

26

15:09   O merlo espaventa dúas pombas que andan a peteirar na
         ramallada.

27

17:25   Baixo o sol tépedo da tarde, voan cisnes desde o Lough ata
         a revolta miña do Lee.

28

20:03   Mentres a marea enche lentamente, unha brétema densa
         vai esvaecendo a luz nas casas do norte, o perfil gris das
         torres de St Finbarr.

29

23:47   Procelosas augas do río, que espreitan arreo garzas ben
         noviñas.

30

12:38   Pontes de Clarke, South Gate, Parliament, Trinity, Parnell:
         terman das rúas fuxidías.

31

11:39   A chuvia que bate nos vidros semella un frío feixe de
         agullas miúdas, prateadas.

22

16:08   The lazy pine stands drying in the garden where the
         dreadful rooks swoop.

23

11:30   And the swallows are back again, darting and curved just
         like the windows in Tapal celebrated by Ramón Otero
         Pedrayo.

24

12:35   The sweet scent of turf smoke down silent streets.

25

15:28   The cat prowls over the skiffs, over the frozen planks, over
         the shred of posters with the smiling faces.

26

15:09   A blackbird scatters a pair of pigeons picking through the
         branches.

27

17:25   Under the warm evening sun swans fly in from the Lough
         round to the riverbend of my Lee.

28

20:03   While the tide slowly rises, the heavy fog is smothering the
         light in the houses to the north, the towers of St. Finbarr in
         grey profile.

29

23:47   The river's turbulent waters are constantly watched by the
         young herons.

30

12:38   Clarke, South Gate, Parliament, Trinity and Parnell
         Bridges: the buttresses for these ephemeral streets.

31

11:39   The rain hitting the window pane is like a frozen drift of
         silver needles.

AR DE RÍA

Daqueles días lonxe
que devalan sen pausa cara a un solpor de bronce
queda só unha hedreira aterecida
a estremecer no patio das luxadas pedras
pardas, tinxidas de brión,
na vella casa de Vicar Street, ruela miña tan amada.

Alí pousaba precavido o merlo
e peteiraba en bagas moi vermellas, oculto entre a follaxe,
coma unha sombra nas mañás de marzo
ou coma pasos vagoentos nas esqueiras.
                                    Alí as augas
empozaban arreo nos adentros: augas do conforto.

Nunca o lume na lareira chegar chegou a cinza,
quizais unicamente a pétalos de rosa
descorados e murchos
que unha xélida airexa ciscaba polas lousas.

Semellaba a casa aquela coma un navío en terra firme
ancorado no corazón fuxidío da cidade
ou á deriva polos chanzos tebrosos, parisinos,
que tantas veces descín
camiño do cai onde chapuzan muxos,
onde aboian garabullos e refugo abondo:
ar de ría onde fiquei.

Hoxe alenta a primavera albar nas ameixeiras,
brancas fumaredas de turba aínda aroman
os ceos macios de Cork,
íntimos canellóns polos que pasan nenos
lavados, destemidos,
trémboras cegas onde acougan aves.

En French's Quay chían día e noite gaivotas bretemosas,
mais ecoan aínda os retallos do inverno
entre as lañas do muro nas que aniñan silvas,

THE ESTUARY AIR

Of those long gone days
that invariably fade to a copper twilight
there's only the frozen, cold ivy left
trembling in the dun, stone patio
that's covered and stained with moss, in that old
house on Vicar Street, the diamond lane.

That's where the blackbird flit
and picked at the red berries hidden in the hedge,
like a shadow on a morning in March
or the tread on the steps.
                                    That's where the waters
rose steadily within me: waters of solace.

The fire in the hearth never bloomed to ash,
perhaps just rose petals
withered and blanched
blown over the slates by a frozen breath.

That old house was like a stranded ship anchored
on dry land in the dark heart of the city
or adrift over the dreary Parisian steps
that I so often descended
on my way down to the quays where mullet splash
and broken twigs float with all the debris:
the estuary air where I stayed.

Today the spring air whispers round the plum trees,
turf smoke in plumes
that bloomed across the pale Cork skies,
down the lean laneways where the sharp,
brassy kids played,
and out over the wetlands where the birds lit.

On French's Quay the gulls are squawking day
and night with winter's last breath an echo
through the cracks in the wall where the briars hold tight,

onde chega sen máis, espido de amarrallas,
o marmurio do río, o salferir dos botes amoucados
que apodrecen nas marxes.

En Crosses Green, xunta os vellos muíños
que me dan acubillo desde o cimo,
pinga cera funeral sobre os mirrados crisantemos,
brilla a luz do sol en pocecas de chuvia,
furtivas garzas pasan,
furtivas garzas abesouran.

where it pours freely the river's murmur,
the exhausted salt-encrusted boats
rotting by the riverbank.

In Crosses Green where the old millwheels
shelter me from above, drops
of funerary wax on the dried chrysanths,
the sunlight shines from the rain puddles,
hermit herons pass by,
hermit herons watch.

A voz

Na memoria de Primo Veiga Sedofeito

Son eu, si, son eu
a voz que berra desde as lameiras
do meu recanto abeirado de ramaxes:
este cimo de meu onde tremecen as garzas,
onde abalroa un mascato.

Son eu a voz irada
en Fruíme, en Eiroa, en Lousame.

En Lesende, meu pai.

Desde tan lonxe non sinto
o trenquelear metálico, cansativo,
das bicicletas: cara á mina fican
ciscadas nos camiños
de mañá moi cedo, entre silveiras.

Son eu a voz que esperta
en Orro, na Porta da Vila.

En Lesende, meu pai.

Ao mencer un cheiro acre nas campías,
un silencio mesto derredor,
espanto tras das contras:
ao mencer espanto, corvos loucos
revoan nas fochancas.

Son eu, si, a voz do escuro
en Nebra, en Moimenta, na Albariza.

En Lesende, meu pai.

Sangue nun arró, nos beirais e gabias
pingas pardacentas, xa enxoitas

THE VOICE

In memory of Primo Veiga Sedofeito

It's me, yes, it's me
the voice howling from the mire
of my shaded barricade:
here on this sad height where the herons tremble
and the gannets come alongside.

I'm the angry voice
in Fruíme, in Eiroa, in Lousame.

In Lesende, Dad.

From here I can no longer hear
the tired, metallic grinding of the bicycles:
they're left lying about
in the morning along the road
to the quarry, behind the bushes.

I'm the waking voice
in Orro, in Porta da Vila.

In Lesende, Dad.

The fields wake to a bitter stench,
a deathly silence all around,
terror behind the curtains:
waking terror, wild crows
flying frenzied around the bog holes.

It's me, yes, the voice from the dark
in Nebra, in Moimenta, in Albariza.

In Lesende, Dad.

There's blood spilled in the gaps, the ditches,
dark drops, dried

nun dédalo de sombras: azuídas
marxes nas que acouga o vento,
salaia a terra e xeme.

Son eu a voz que ecoa
en Barro, entre os carballos de Nimo.

En Lesende, meu pai.

Pasar pasou o tempo, hoxe a mina
pozas abatidas, foxos onde o furón fai tobo,
pousa a toupa, a denosiña: ninguén
anda polos carreiros vellos onde o panasco medra,
apodrecen bechos.

Son eu a voz perdida
no Couto, na Galeria.

En Lesende, meu pai.

Ao lonxe, polas pistas adiante,
na brétema poeirenta das aldeas
tan só escoito, barulleira,
a bucina abouxadora,
a furgoneta do peixe.

Nas corgas máis sombrizas de Lesende,
meu pai.

in the maze of shades: borders
frozen blue where the wind stills,
the land sighs and sobs.

It's me, the echoing voice
in Barro, in the oak grove in Nimo.

In Lesende, Dad.

Time has passed, the mine today
a well where the polecat nests,
the mole waits, the weasel sits: no one
ever walks the old paths where the grass grows
over the rotting animals.

It's me, the lost voice
in Couto, in Galeria.

In Lesende, Dad.

Down the roads, in the distance,
through the thick village fog
I hear their isolation,
the klaxon blare,
the fish van.

In the darkest valleys of Lesende,
Dad.

ABRIL

1

13:18   O poeta Álvaro Cunqueiro escolle abril:
'Temos a verba, amor, pra decir: abril'. Eu digo abril.

2

15:36   Ábrese o mar ante as olladas, mar calmo de Cobh entre sol
e borraxeira.

3

19:22   A pega! Acena e pousa en verde.

4

14:03   Semella que quere chover mais á fin o sol triunfa: sol
lucente de abril e río desbocado.

5

20:39   Verbas grisallas, verbas riarengas: as verbas que ficaron
soterradas nun xardín de antano, as que nos agariman
aínda hoxe ao cruzarmos as brañeiras brancas.

6

11:03   Bátegas de chuvia avolven as augas, bravas coma unha
fervenza escura.

7

16:32   O merlo lanzal brinca paseniño diante miña cara á
matogueira. Alá o vai na procura de migallas, de tórpidas
lombrigas.

8

15:48   Os visitantes contemplan a cidade desde o alto da muralla:
forte Elizabeth baixo o sol.

9

17:38   Lenes pingueiras arrefrían o ar sereno da tarde.

10

23:57   Medran árbores no interior da casa abandonada ao pé do
río: a vella casoupa das barcas.

April

1

13:18   The poet Álvaro Cunqueiro picks April:
                'We have the word, my love, to say: April'. I say April.

2

15:36   The sea is suddenly revealed, the calm sea at Cobh playing
                sun and mist.

3

19:22   A magpie! Touch green never seen.

4

14:03   It's threatening rain, but in the end, the sun triumphs: the
                bright April sun and the river in spate.

5

20:39   Grey words, riverine words: the words that were buried in
                a garden eons ago, the words that still caress as we cross
                the white marshes.

6

11:03   The dark downpour stirs up the waters that are embroiled
                like a waterfall.

7

16:32   The spear-thin blackbird hops right past me into the
                bushes. There he goes after the crumbs,the slow worms.

8

15:48   The tourists watch the city from the top of the wall:
                Elizabeth Fort under the sun.

9

17:38   Soft drops chill the serene evening air.

10

23:57   Trees grow inside the abandoned ruin down by the river:
                the old boat house.

11

14:22   Os gatos amordican na herba bendita, verdísima baixo a balconada.

12

22:39   Nada perturba a quietude líquida da noite.

13

23:20   O río empozou nos adentros coma unha lagoa inzada de xunqueiras.

14

14:18   Como brilla a plumaxe do corvo pousado na sebe: acibeche do norte baixo a chuvia.

15

20:16   En Inis Gé, o templo construído pedra sobre pedra nunha noite: illa espectral hogano, ruína venerábel sen baleas. Templo de St Colmcille, batido por ventos do norte.

16

23:18   Que escura a noite na casa con hedreiras.

17

19:08   As augas do Lee baixan revoltas, enlamadas.

18

13:29   Anda o gato preguizoso polos tellados de lousa, enviso e silandeiro.

19

15:48   Sombras furtivas deambulan por corredores de pedra, entre lousas inscritas e anuncios para bailes.

20

17:13   O sol estende o seu cálido mantelo polo panasco con paxaros.

21

13:23   Aí vai o pardal, aí o vai, perdido polos enreixados negros onde aínda se amorean as follas apodrecidas do outono.

22

23:49   O ceo esta noite semella un cadro de Turner: roxa espiral de brétema e de auga.

11

14:22 The cats nip at the valerian, brilliantly green beneath the balcony.

12

22:39 Nothing disturbs the liquid stillness of the night.

13

23:20 The river rose within me like a lake brimming with reed beds.

14

14:18 The crow's plumage as it lights on the hedge glistens brilliantly: black as jet from the north under the rain.

15

20:16 On Inis Gé: the temple built stone upon stone in one night: a spectral island today, the old ruin and the whales gone. St. Colmcille's temple, battered by northern winds.

16

23:18 How dark the night in the ivy-covered house.

17

19:08 The Lee waters rush rough and muddy.

18

13:29 The lazy cat walks the slate roofs, silent and canny.

19

15:48 Shadows shift and drift down the corridors, past the engraved stones and calls for dances.

20

17:13 The sun throws its warm cloak across the scrub speckled with birds.

21

13:23 There he goes, there goes the sparrow, diving into the railings that still hold the rotting leaves of autumn.

22

23:49 The sky tonight is like a Turner painting: a russet spiral of fog and water.

23
02:45	Desapareceu a cidade entre a néboa.
17:38	Aboian anacos de madeira na corrente grisalla.

24
14:25	Resplandece o sol moi lonxe nos ollos dun meniño.

25
10:18	Andarán a rinchar os cabalos pola feira de San Marco.

26
08:40	Enche a marea e o río estiña calmoso. Ar de ría onde fiquei.

27
23:39	Na noite de augas zoa un vento fragoroso: *Midwinter spring is its own season*, como Eliot nos lembrou.

28
15:12	Anda o gato bulideiro por riba dos botes de pesca.

29
22:10	Chove, chove, chove tanto que sobe a auga pola rampla onde medra herba do trollo.

30
23:10	Borraxeira entre as casas, nas altas torres de St Finbarr que vexo desde a fiestra.

23

02:45   The city is masked in mist.

17:38   Slivers of wood slip by on the grey current.

24

14:25   The sun shines far in a child's eyes.

25

10:18   The horses will be whinnying today at the San Marco fair.

26

08:40   The river quietly stagnates. Estuary air where I stayed.

27

23:39   On a rainy night a wild wind blows: Midwinter spring is its own season, as Eliot reminds us.

28

15:12   The restless cat hops over the fishing boats.

29

22:10   Rain, rain, rain, so much rain the water rises up the slipway where the figwort grows.

30

23:10   Low fog hung between the houses, over the high towers of St. Finbarr's that I watch from the window.

TOJO

Ocorreu o sete de abril de 1943
nas brañeiras brancas preto de Inchydoney
onde achan lecer aves mariñas, pace gando
e encoran as augas entre xuncas
alí aterrou de urxencia un avión americano
T'ain't a bird marmuriaba a veciñanza
e claro que non se trataba dun paxaro
senón dun B-17 de combate
que se extraviou na mesta brétema do oeste
e os soldados coidaban que aquilo era Noruega
e traían un mono consigo
de mascota
e foron conducidos pola autoridade
ata o hotel dos O'Donovan
na rúa maior de Clonakilty
e o pobo recibiunos con abraio
e a nova espallouse ao redor
e chegaba xente da contorna toda
para ollar o aeroplano aquel
arrombado nun pasteiro
con espanto e gargalladas
e no hotel os mozos detidos celebraron
tres días de esmorga e cantos
e o mono malpocado morreu pola friaxe
pouco afeito a climas tan severos
e soterrárono no xardín con honras militares
e as exequias foron moito tempo relembradas
e xace desde aquela nun recuncho irlandés
e chamábase Tojo
o coitado defunto macaco americano

Tojo

It took place on the seventh of April, 1943
by the white marshes of Inchydoney
where the seabirds settle, cattle graze,
where the waters pool among the reeds
and an American plane fell from the sky
T'ain't a bird declared the neighbours
and right enough it wasn't a bird
but a B-17 bomber
lost in the fog blown in from the west
the pilots thought they'd landed in Norway
and they had brought a monkey
for a pet
so the head bucks took them up
to O'Donovan's hotel
main street Clonakilty
and the locals were amazed
and the news went out
and they came from miles about
just to see the plane
that was sat the grass
they giggled and they gawked
and for three days straight the young flyers
went on the lash with drink and song
and the poor monkey died of the cold
he wasn't used to the bitter elements
and they laid him to rest with military honours
and the funeral rites were long recalled
and since then he lies in a garden in Ireland
and his name was Tojo
the poor dead American monkey

DOUS BOTES

No medio da follaxe rendidos repousan
dous botes de pesca, deitados coma infantes
fronte a un alpendre tellado de táboas.

Reparo decotío no seu descompoñer pausado,
mal protexido o casco por plásticos azuis
que o vento retirou coma un mantelo esquilfe.

Apodrecen quedos baixo o orballo do inverno
que derrama a pintura parda das cadernas,
que revela aos poucos un esplendor xa ido.

Estrugas ávidas devoran áncoras e cabos,
antano inzados de durísimas escamas
coma espellos nidios que escintilaban lonxe.

Ofrecen abeiro a gatos nocturnos, vagarentos,
espectros mansos a esculcar silveiras
na procura de lixo, pardais, furelos distraídos.

Entre eles xogan nenos, fuman ás agachadas,
entoan cancións que rematan en risos,
erguen os brazos alto coma piratas témeros.

Que mares sucou o seu madeirame descinxido,
que augas abriron as proas, a que portos arribaron
mexidos no marmurio de linguas estranxeiras.

Aínda que con certeza non seguiron máis derrota
que río abaixo ata o castelo, onde a badía arrinca
e corvos mariños voan entre illotes.

Alí non atoparon o acougo que agora os arrodea,
vencidos nun leito de follas mortas, de roseiras murchas:
desfeita estéril, sen épica nin historia.

TWO BOATS

In the overgrown garden, faint and resting
a pair of fishing boats like infants
facing the timber-patched shed.

Now and then I catch their slow decay,
their hulls left exposed by the blue tarp
blown off by the wind like a tattered rag.

Floating they rot under the winter dew
that peels the brown paint from their ribs
and slowly reveals the splendour of the past.

Seething nettles devour anchor and line
that for so long were scale-clad
and glittered like mirrors in the distance.

Refuge for tomcats, those sleek movers,
delicate spectres watching the brambles
for scraps, sparrows and distracted rats.

The kids hang about taking secret tokes,
singing songs to laughter, their arms in the air
like delinquent pirates.

What seas has their rigging crossed,
what waters cleaved, what ports received their anchors
lulled by the whisper of unfamiliar languages?

Though I'm sure they went no further
than downriver to the castle, to the bay
where the cormorants fly among the islets.

They never found the calm that surrounds them now,
beaten in a bed of dead leaves and wilting wild roses:
desolate, undone, with no history or legend.

Os mércores ao solpor as campás de St Finbarr repenican,
riada de son desarborada que asolaga os predios,
que ateiga de música escura os íntimos recantos.

Estremecen daquela os botes amaiados, ceiban
todo resto de ruína nas mestas ramalleiras onde xacen
e navegan polo ar chuviñoso, afoutos, espidos, sen velamio.

Sunset on Wednesdays St. Finbarr's bells,
a river of divested sound that floods the surrounds,
that fills every corner with intimate, dark music.

And there the rotting boats shudder, releasing
their ruin to the undergrowth where they float
and drift through the rainy day, brave, naked, without sails.

MAIO

1

20:38   Pasa o corvo mariño coma unha sombra por diante nosa, finchado e maxestoso.

2

23:35   Segue a chuvia a caer lenemente sobre os tellados avesíos, as augas tan crecidas do Lee.

3

23:49   Río mouro na noite de roxos: noite escura das augas.

4

20:33   Ceo rosado, ceo azurado, solpor impresionista.

5

21:05   O merlo esculcador pousa un intre tan só no balcón da casa.

6

19:28   'A oración do mariñeiro', do gaélico escocés de George Campbell Hay:

Tempo calmo e favor e fortuna,
moitos sinais en todas as badías,
xeada de escamas na cuberta e no casco
e mercado xeneroso ao romper o día.

7

20:03   Un forte vento estremece as pedras pardas da torre de Callanan.

8

15:39   En Sunday's Well, acariña o sol as casas e camiños, os xardíns costentos.

9

20:58   Por que a moza estranxeira porfía en subir ao cimo alto da torre?

MAY

1

    20:38   There goes the cormorant coasting like a shadow, fierce and imperious.

2

    23:35   And down the rain softly falls on the dun roofs, the flood waters swelling the Lee.

3

    23:49   Fox-red night and a black river: dark night of the water.

4

    20:33   The sky a pink azure, the sunset impressionist.

5

    21:05   The hedge-hop blackbird halts just an instant on our balcony.

6

    19:28   'The Fisherman's Prayer', from the Scots Gaelic of George Campbell Hay:

              Calm and favour and good fortune,
              Plenty appearances in every bay,
              A frost of fishscales on deck and gunnel,
              And a bountiful market at the dawning of day.

7

    20:03   A keen wind clatters the brown stones of Callanan's tower.

8

    15:39   In Sunday's Well, the sun softens the paths and houses, the leaning gardens.

9

    20:58   Why does the tourist insist on climbing to the very top of the tower?

10

20:40   Xa revoan por riba dos tellados os merlos novos, rebuldeiros e ardidos.

11

15:33   Dúas andoriñas pousan no fío eléctrico ao sol cálido da tarde.

20:35   No adro da catedral enredan rapaces, entre as árbores e as campas cubertas polo lique.

12

23:32   Encoran as augas por baixo dos arcos do cai: lecer das barcas.

13

19:34   Medran febles margaridas entre as ragañas do muro ao pé do río.

14

15:02   Muxos ávidos amosan o bico a carón do desaugadoiro da fábrica de Beamish.

15

23:50   Discorren as augas sosegadas coma na Pedra Chan o río Traba.

16

14:15   Aos poucos a vexetación agocha o lixo, as táboas, as pedras da casa en ruínas.

17

18:32   Merlo esfinxe, inmóbil no tellado.

18

16:12   O orballo devagar vai enchoupando a terra remexida dos xardíns: Fair Ville, Minerva Terrace, Violet Ville, West-Cliffe, Shamrock Place, Altona, Mount Pleasant, Laurel Hurst.

19

23:48   Cando con vento soán chove, todas as pedras remove.

20

21:12   Pozos sagrados de Irlanda: flores e poldras, estampas e brión, augas represadas.

10

20:40   There they go chittering the young blackbirds on the roof, cavorting and nervy.

11

15:33   Two swallows on the high wire in the warm afternoon sun.

20:35   Young fellas unravelling around the churchyard, between the trees and the lichen-sealed gravestones.

12

23:32   Down beneath the arches the waters dammed: what a boat's delight!

13

19:34   Along the riverrun delicate daisies grow in the cracks in the wall.

14

15:02   Hungry mullet kiss the sup of sluice from the Beamish brewery drain.

15

23:50   The serene waters run just like in the Pedra Chan the Traba River.

16

14:15   Slowly the weeds reclaim the debris, the timber and the stones of the house in ruins.

17

18:32   Blackbird still on the roof.

18

16:12   The drizzle soaks slowly the disturbed earth in the gardens: Fair Ville, Minerva Terrace, Violet Ville, West-Cliffe, Shamrock Place, Altona, Mount Pleasant, Laurel Hurst.

19

23:48   When the Southerly blows gusts and rain, there's none of the rock will remain.

20

21:12   Holy Wells of Ireland: flowers and rocks, figures and moss, bridle waters.

21

15:20 O verderolo pousou na reixa da capela.

22

19:33 Estraga a chuvia tanta as hortensias delicadas, esparexidas no ar coma folerpas de cores.

23

22:38 Charamona levada polo vento: bolboreta roxa de luz no ceo da noite.

24

12:40 A garza espera no medio do río no Sullivan's Quay, ao pé da ponte, impasíbel ao balbordo do tránsito e da xente.

25

14:23 Hai dúas gamelas xunto á rampla, amarradas mais dispostas para a lenta travesía.

26

14:32 Segue o corvo de mar a repousar na ponla, talmente como fan nos peitorís de Noia.

27

21:01 Baixa coas augas refugallo abondo neste Lee de meu, neste Lee xa tan de meu que nunca será meu.

28

23:38 Río negro na noite pechada, cóbrega esquiva a escorregar sen pausa.

29

20:42 Santuario Lough: ao sol tépedo do serán achan lecer os cisnes.

30

17:02 *Statio Bene Fida Carinis.*

31

10:20 Torres e barcos espertan en Cork.

21

15:20   The greenfinch idle on the chapel railings.

22

19:33   The rain drops hard on the gentle hydrangeas that scatter to the wind like bright snowflakes.

23

22:38   Sparks in the wind: an ember-red butterfly in the night sky.

24

12:40   A heron mid river by Sullivan's Quay, close by the bridge, unruffled by the rumble of road, of traffic, of people.

25

14:23   Two gandelows down by the ramp, moored but ready for the slow journey.

26

14:32   And the cormorant once more rests on the branch, just like on the rock ledges in Noia.

27

21:01   Rubbishfull slowly flows this Lee of mine, this Lee that's such a part of me it'll never be mine.

28

23:38   Black river in the dark night, a snake slips by ceaselessly.

29

20:42   Lough Sanctuary: in the warm evening sun the swans carry on.

30

17:02   *Statio Bene Fida Carinis.*

31

10:20   Towers and boats awaken in Cork.

A torre de Callanan

No escuro alzo a miña torre no ar
Antón Avilés de Taramancos

Non moi requintada, ben sei, case en ruínas
desde o crucel coroado de espiños
as casas vermellas na badía, o alentar da turba
os outeiros distantes ateigados de teixos
as damas da noite enxergaban ávidas
a chegada a porto dos mariñeiros cansos
río arriba río arriba río Lee de noso
a cantarexar acaso vellas cancións da terra
tras cumprida travesía de recalada na illa
con escamas duras entre os dedos, ou salitre branco
nos cabelos irtos. Con fartura de xarda a bordo!

'Onte era mañanciña, cristaleira, sol migado'
dixo María Mariño desde os seus cumes outos.

Hoxe un taberneiro vela o seu perfil adusto
entre os muros rexos aniñou lerchán o corvo
as escadarías arderon en lareiras de inverno
xunto a xornais pasados, farrapos, varreduras
e dos suntuosos xardíns de antano, ornados de amarelles
con chafariz e paseos mornos ata o beiral das augas
fica unha fonte de pedra onde xogan cativos
un recanto ameno con carriza, con silencio verde
para un lecer vagarento na escasa escampadela.

CALLANAN'S TOWER

In the dark I lift my tower in the air
Antón Avilés de Taramancos

It's not very refined, I know, in ruins
from the tip crowned in thorns,
the scarlet houses in the harbour, turfsmoke
and yew trees that top the distant hills
the working women of the night made out
the tired sailors looming on the port
– Upriver! Upriver! Our River Lee –
who'll sing the catch of a tune home now
back from the long journey to the island
with hardened scales between their fingers, the salt
whitening their hair and a belly-load of mackerel below.

'Yesterday was the dawn, crystal, crumbling in sun'
said María Mariño from on top of her mountain.

Today the barman catches its grim profile,
the gossipy crow nesting on its thick walls,
the stairs were burned in the winter's hearth
with old newspapers, rags and all the dross
and from the decadent old gardens, decorated with fountains,
daffodils and warm walks down to the water
all that's left is a stone font where kids play,
a sweet corner covered in moss, a green quiet
for lazing leisurely in those rare dry spells.

Na rúa

Así, de súpeto, ela díxolle riseira
ao pasaren de mans dadas College Road abaixo:

'Sempre a mudar. Coma o vento'.

E el: 'Talmente coma o vento no Lough
un domingo de outono, entre os cisnes'.

E brillaron os seus ollos na mañá morna de maio
xusto en fronte da tenda de Connolly, na esquina.

ON THE STREET

Smiling she suddenly said,
walking hand in hand down College Road:

'Always changing, just like the wind.'

And he: 'Just like the wind off the Lough
a swan-ruffling autumn Sunday.'

And their eyes shone in the warm May morning
as they passed Connolly's shop on the corner.

Xuño

1

23:56   Vibran escuras as augas: poalla do verán descoñecido.

2

21:18   O resplandor solar incendia o cume dos outeiros anubrados.

3

19:38   Invaden Grand Parade as sirenas abouxantes de navíos.

4

15:22   Remadores na illa, máis alá do porto, do océano profundo ao corazón da cidade.

5

22:20   Icebergs no anoitecer, estrondo de velas esgazadas.

6

19:06   Plácidas discorren as sombras da tarde no Fitzgerald's Park, a rentes de augas calmas.

7

19:38   Cobreguean oucas longuísimas baixo a ponte, garcetas loucas, medievais.

8

15:20   Os turistas ollan mapas nas arcadas, a carón dos peitorís de pedra escura.

9

18:41   Lareta o corvo no xardín, por riba das mesas circulares.

10

20:35   El pousou a pomba nas ás douradas do anxo musical que por nós mira.

11

17:38   Muxos titánicos escintilan nas augas río arriba.

JUNE

Day	Time	
1		
	23:56	Shimmering dark water: strange summer rain.
2		
	21:18	The sun's brilliance blazes across the brows of the clouded hills.
3		
	19:38	The ship's whistles invade Grand Parade.
4		
	15:22	Rowers around the island beyond the port, from the deep ocean to the heart of the city.
5		
	22:20	Icebergs at night, flailing torn sails.
6		
	19:06	Shadows of the evening pass patiently in Fitzgerald's Park, close by the placid waters.
7	19:38	The crowfoot slithers under the bridge, in wild, medieval plaits.
8		
	15:20	The tourists read their maps over the arches, close to the hard, stone walls.
9		
	18:41	The rook chatters about the garden, then up onto the round table.
10		
	20:35	The pigeon lit on the golden wings of the heralding angel who watches over us.
11		
	17:38	Titanic mullet scintillate upstream.

12

23:39   Nos vellos muíños e na casa das barcas aínda están prendidas luces tenues no fondo da noite: luces de Crosses Green a rachar as tebras do verán.

13

13:15   Flores rosadas, invasivas, inzan os recantos todos desta terra.

14

23:49   Outra volta chove arreo na noite da cidade, sobre o río latexante.

15

13:26   Deitouse ao sol o merlo coas ás estricadas no panasco.

16

20:36   Cruzo o grixo do cuadrángulo coma James Joyce co seu pai en 1893: Bloomsday chuviñento, gris e verde.

17

19:05   Cascallos na ramaxe, augas avoltas: derrubaron o hotel á beiriña mesma do río.

18

20:32   Anxos de estanque pairan na corrente avermellada.

19

19:08   Os cans mergúllanse nas augas claras ao longo dos Lee Fields. Máis arriba nadan mozas.

20

23:52   Onde vai máis fondo o río, fai menos arruído.

21

21:39   A brisa do sur trouxo sorrisos cálidos e viño. Mais como voltar á ría, ás mans tinxidas de cinza?

22

23:30   Pendura herba esfarrapada dos muros avesíos.

23

20:21   Orballo lene no lago, respiración do cisne, fume griseiro a xermolar das cacharelas.

12

    23:39   In the boathouse and in the old mills there's still a pale light glowing: The lights of Crosses Green permeate summer's dark.

13

    13:15   Pink flowers invade, pushing up through every crevice of this land.

14

    23:49   Once again rainfall in the city night over the pounding river.

15

    13:26   The blackbird rests in the sun, his wings stretching over the stubble.

16

    20:36   I cross the gravel of the quad just like Joyce with his father in 1893: rainy Bloomsday, green and grey.

17

    19:05   Rubble in the undergrowth, rough waters: the hotel demolished on the riverbank.

18

    20:32   Angels in the pool glide on the russet current.

19

    19:08   The dogs launch themselves into the clear water along the Lee Fields. Young girls are swimming upstream.

20

    23:52   The deeper the river runs, the quieter it becomes.

21

    21:39   The breath from the south brought smiles and wine. But how do I get back to the ria, to my ash-stained hands?

22

    23:30   Ragged grass hangs low from the drab walls.

23

    20:21   Smur of rain over the smooth lake, swan breath, smoke greying from the crumbling embers.

24

22:03   O vento da noite zoa nos teixos das destilarías vellas, onde
        cara ao solpor abriron camiños para os cantos.

25

12:35   Travesía solleira cara a Cobh: tren mareiro a navegar.

26

18:29   En Kinsale fíltranse raiolas de sol por entre o bosque dos
        mastros de iates ancorados.

27

20:15   O estorniño devora nos mosquitos a carón do mato que
        pende sobre o río.

28

19:38   Unha figueira galega no outarelo do rei encóstase cara aos
        chanzos do camiño.

29

07:02   Orballa miúdo nas rúas da cidade, na mañá silenciosa do
        tránsito.

30

20:12   Arroiadas de chuvia invaden predios, alagan de fundaxe
        as lousas cheas de lidro.

24

22:03   The night wind blows through the old distillery yew trees, at sunset new paths open for the old songs.

25

12:35   A bright crossing to Cobh: the coastal train.

26

18:29   The sun filters through the forest of yacht masts in Kinsale.

27

20:15   The starling feeds on the midges down among the riverbank weeds.

28

19:38   A fig tree from Galicia on Buxton Hill leaning toward the garden steps.

29

07:02   Soft rain falls on the city streets, leave taking on a quiet morning.

30

20:12   Downpours through the buildings fill them with debris, the flag stones covered in moss.

TREN MAREIRO

No corazón da foz, enferruxado
acaso polo ar esleigado das lagorzas
é de ver como na tarde de verán
pasa o tren rengueando ao pé de cais baleiros,
troupelea nos carrís, bate manso nas trabes:
dormentes de Mondoñedo camiño de Cobh.

Todo rancor ou desconforto
ficou atrás, na plataforma
que abeira unicamente
rostros amábeis onde adoito conflúe
a rúbrica do riso, fidelidade antiga
aos engados da conversa.

Á beira da illa
lemúridos ridentes enredan no refugo
traído polo mar con carromeiro e ponlas
abatidas. Tremece a píllara cinsenta
en xunqueiras avesías, en conchidos,
nos abismos da baixamar
que dilatan a consistencia areosa das olladas,
zafiras a esculcar amodo
desde vagóns palustres, augacentos.

En vagaroso transcorrer pairan refachos
dun vento amaro que ceibaron do pañol
cando o pailebote branco de Manuel Antonio
ancorou na poalla de Irlanda: tren mareiro
que devagar zumega un ronsel lucente
ensarillado nos seixos, en pelouros.

Choen o ceo raiolas de sol coma vimbieiras tensas,
douradas nun serán de chemineas grises
onde revoa tépeda voaxa, coroación
de cínifes artúricos.
                    No trevo mole das ladeiras
chirlan aves illanas: o paíño, a arcea, o bilurico;

112

COASTAL TRAIN

Right in the heart of the river's mouth,
rusted from the pale estuary air
it's worth a look on a summer evening
as the train sways past the empty quays,
clattering down the rails, knocking softly on the tracks:
the sleepers from Mondoñedo all the way to Cobh.

All hurt and vexation
is left behind,
the platform opens up
to friendly faces where smiles
fall into place with that old faith
in conversation.

And next to the island
smiling lemurs play in the rubbish
brought by the sea with dulse, fallen
leaves. The grey plover shudders
in the shaded reeds, among the shells,
the abyss of low tide
that opens the sandy expanse in our eyes,
the glimpse of sapphire as we slowly pass by
in our damp and muddy train cars.

Listing lazily while a bitter wind
blows from the hold, as Manoel Antonio's
white boat dropped anchor
through the drizzle, the Irish fog:
coastal train that slowly spills a bright wake
over the pebbles, over the stones.

The sky is bound by beams like willow switch
gilded in a gloaming of grey chimneys,
the warm dust motes flitter about,
a crest of Arthurian midges.
                        From the clover-covered slopes
the island birds sing: woodcock, storm petrel, sandpiper;

convocan a pegas e grallas,
seitura vizosa de choias que corvexan nos agros,
o merlo de Adlestrop no fulgor de xuño.

Unha chuvieira súpeta asombra o arco das pontes
coma no cadro de Turner, vaporoso
trebón que se inflama e se desata.

Co renxer das pingueiras,
encalma o tren por fin o seu fluír
e arriba, ferido de escamallo, á estación mariña
onde sen o desexar, sen máis
naufraga.

the summoning cry of magpies and rooks,
a rich harvest of choughs chittering from the fields,
Adlestrop's blackbird in the June glow.

A sudden shower shadows the arches of a bridge
like a Turner painting; a cloudy squall
inflamed and unleashed.

And under the shrieking rain
the train finally calms its flow
and scale-encrusted, wounded, pulls in
to the maritime station, where listless
it sinks.

ÁNCORA NAS AUGAS TURBAS

Eu hei seguir pervagando polas escuras ribeiras
do corazón abismado, onde o amor deposita
os soños da miña infancia, que coma alfaias se enlaman
esparexidas no estrume.

Alí onde se entretecen as raiceiras dos días
que apreixan o meu pasado, as ruínas, os vestixios,
o estrondo das voces idas que por azar aínda sinto
entre as ramaxes xa murchas.

Nos xardíns máis desolados agáchanse vellos desexos,
son os restos do naufraxio dun tempo que se esvaece
coma alustros nunha estancia noitébrega, silenciosa
onde pola noite acougan

as pétalas das camelias, pasadías coma aves
a revoar no panasco. Así medran os vencellos
familiares, os latexos, as alianzas que valen
as sombras do que non queda.

Así as distantes presenzas que por sempre me acompañan
polas gándaras choídas con muros baixos de pedra,
polos perdidos recantos desta illa bretemosa
que me percorre os adentros.

Mais como voltar á ría, ás mans cheas de borralla?
Como estiñar a ferida das horas que me deixaron,
pola que abrolla decote o sangue das miñas veas,
unha bátega de coita?

Como deter esa onda que asolaga a moradía
onde fica o xa perdido, onde habitan os recordos,
os retallos dun tempo a quen corpo e voz lle arrebataron
espectrais as horas mortas?

Contra o tremor alicerce, áncora nas augas turbas
do sombrizo esquecemento, a memoria a quen conforto

Archor in Dark Waters

I'll keep skirting around the dark shores
of the submerged heart, where love drops
my infant dreams like tarnished gems
tossed to the weeds.

There where the tangled roots of days
snag the past, the ruins, the remains,
the howling of departed voices I chance to hear
between the wilting branches.

Hidden in the most desolate gardens what's left
of the wreck of times that slowly fade
like sheets of silent lightening
as the petals falling from the camellia

calm the night, like fleeting birds
flitting about the stubble. And so the graft
fuses, the heartbeats, the familiar growth
that shows the shadows of what's gone.

So there's always something of the distant past
with me as I walk the low stonewalls, the scrub,
adrift in the grip of this drizzly, fog-covered island
that runs through me.

But how do I get back to the ria, to my ash-stained hands?
How do I stanch the wound of all those hours
where the blood from my veins sprung slowly
to a downpour of pain?

And how to halt the wave that floods the house
of everything that's already lost; the memories, the lives,
the slips of time whose voice has been snatched away
by ghosts to the dead hours?

Foundations to brace the crumbling, an anchor lapsed
into the dark, forgetful waters, the memory offered love

e amor eterno ofrecera son momentos que se borran
coma pegadas na area,
coma rastros na nevada.

everlasting and comfort made of moments vanished
like footprints in the sand,
traces in the snow.

Xullo

July

1

    13:20   A monumental beech on the campus lower grounds, where the passing shadows don't linger.

2

    17:08   A greenfinch just passing time on the branches of a lemon tree.

3

    20:32   Northern sky: a dark burst of light in the slow evening.

4

    11:18   Clouds scud over the country of never-ending rain, a wild wind blows between the branches.

5

    21:05   The moss soaks up the warm summer puddles in hidden tunnels.

6

    19:48   Swallows skite through the corridors: slipping nimbly through the broken windows.

7

    14:32   The greying sky admits the warm sunbeams.

8

    19:22   Tracing the journey home, fate still a far way off down the grassy roads.

9

    15:38   Under the sweltering heat, the swans clean their plumage in the riverbend, in the wake of Crosses Green.

10

    23:53   Sleepless birds abandon the rushes to float downstream.

11

    21:48   Facing the chapel on the summit, the sunset opens clefts of light across the hills north of the city.

12

23:32   Xa non fican lámpadas acesas cabo do río, nos muíños con arcadas.

13

22:19   A lúa paira entre as torres coa cor gastada dun pergamiño polo que cruzan as sombras chinesas das aves.

14

19:49   As palabras ausentes, as palabras riarengas que me din: síntoas fluír polas estreitas escadas de Keyser's Court, onde as flores, os rezos, as candeas.

15

13:21   Amarelece o loureiro na fiestra aberta á calor do mediodía.

16

17:08   Aves na badía, florecer de oucas na ponte dos afogados, onde unha moza chora.

17

16:05   Amoréase o carromeiro albar nas areas de Inchydoney, desde o canal ata os cons.

18

14:33   Comezan a murchar as flores ventureiras que coroan muros e ruínas.

19

19:25   Orballa mainiño nas hortensias, nos desleixados xardíns.

20

20:39   O estorniño axexa desde as ponlas que abanea o vento.

21

22:18   Un berro esgaza a noite na escuridade dunha casa en White Street.

22

22:12   Treme a luz das candeas coma unha recompensa no xardín ateigado de avelaíñas e cínifes.

12

23:32   There's no more lamps lit along the river brightening the mill arcades.

13

22:19   The moon hangs low between the towers, its worn out parchment tone a background to the Chinese, shadow-puppet birds.

14

19:49   The absent words, the riverine words that speak of me: I hear them pour down the narrow steps of Keyser's Court to the flowers, prayers and candles.

15

13:21   The laurel yellows in the window wide open to the afternoon heat.

16

17:08   Birds in the bay, buttercups under the bridge of the drowned where a young girl cries.

17

16:05   The bleached carrageen gathers on Inchydoney beach, from the canal down to the rocks.

18

14:33   The wild flowers sprouting from the walls and ruins are starting to dry out.

19

19:25   In abandoned gardens, a smur of rain falls on hydrangeas.

20

20:39   The hidden starling peeks out from the wind-blown branches.

21

22:18   A scream tears through the dark night from a house on White St.

22

22:12   The candlelight flickers like atonement in a garden full of moths and midges.

23

15:19   Monllos de herba, feixes de palla e gaspallo baixan nas
augas do río.

24

13:49   A garza espaventa os parrulos na rampla con verdello
onde por veces varan as gamelas.

25

21:09   Converte a preamar o río nun corazón sen latexos, tan
vermello e tan quedo.

26

14:11   A desaparición daquelas flores dos muros: resplandor
rosado que se disipa.

27

12:31   Traballan os homes construíndo *currach* a carón da casa
arruinada do río.

28

18:35   As nubes ensaríllanse entre a ramaxe da teixeira.

29

23:03   Soidade das aves de paso que adormecen lonxe, soidade
do tránsito, da súa sombra vadía reflectida nos prados.

30

22:35   Acenden e apagan as luces de St Finbarr, estrañamente vai
e vén o resplandor das torres.

31

19:20   En Millstream loce o sol entre as enormes follas dos
ruibarbos, ás beiras dun regato verde.

23
15:19   The whispers off straw ricks and broken twigs float downstream.

24
13:49   The heron scares the ducks off the weed-covered slipway where the skiffs are often tied up.

25
21:09   The high tide turns the river to a heart without a beat, so still and crimson.

26
14:11   The disappearance of the flowers from the wall: a vanished pink hue.

27
12:31   The men are building a currach by the ruined house on the riverbank.

28
18:35   The clouds are twisted through the yew tree.

29
23:03   Loneliness of the passing birds who will light beyond, loneliness of the journey, of the roaming shadows over the meadows.

30
22:35   St. Finbarr's lights are on then off again, this uncanny brightness illuminates then leaves the towers.

31
19:20   In Millstream the sun shines between the giant rhubarb leaves by the banks of a green stream.

Herba na estrada

Non hai razón para medir o verdor primeiro
co noso pouco de amor que decorre e pasa
Eduardo Moreiras

Polas pistas máis deixadas, esas que nos levan
por lugares sen tránsito cara ás altas
penedías, cara ás lagoas túrbidas
onde cínfanos loucos agallopan sen consolo,
cara aos aloulados recantos da soidade
e do abandono.
        Polo carreiro pino
que morre entre a ramallada dunar
dos areais extremos, alí onde os rapaces
nugalláns, por non subir a costa,
agachan as bicicletas entre estrugas,
lesmas dactilares, irta coroación de espiños,
para ir logo nadar nun rodopío de sal.

Nunha corredoira íntima por onde ninguén
xa pasa, que ficou abandonada ao esquecemento
e vai sendo invadida das silveiras, os cegos
furados da toupa, os avoltos terróns
con cristais de xeo que relocen,
que semellan arder coma os ollos dun lobo
perdido nas xélidas estepas, ermas,
solitarias.
        Nos camiños de Guagán Barra,
agora devastados, ondiñas lenes lamben
as orelas con xuncos nos que abanean aves,
os muros de pedra do vello mosteiro
a carón dos pozos sacros, nas fontenlas
do Lee, onde as augas comezan o seu curso
que non cesa.

        Nas correntes que baixan
cara ao mar, cara ao profundísimo esteiro,
as nervaduras do río levan as follas soltas

GRASS ON THE ROAD

There's no need to mark the first growth
with our little love that passes and is gone
Eduardo Moreiras

Up the abandoned boreens that lead us
to the out of the way places, then on
again to the heights, the dusky lakes
where the wild midges ride without rest
till you're lulled to the lonely stations
of abandonment.
          Up the steep track
that slips under the branches on the dunes
of the last beaches where the loping teens
can't be bothered to push on up the hill,
so stash their bikes in the nettles,
with thick slugs and a halo of hawthorn,
then later a swim in the swirling salt.

Down the close lane where nobody goes
that's been lost and long forgotten,
overrun by brambles and briars,
the breached chambers of moles, the disturbed earth
crystalized by ice that glows,
that seems to burn like the eyes of a wolf
lost in the frozen steppes, the barren lands,
alone.
          Down the ravaged paths of Guagán
Barra where light waves lap the bank
and the birds flit through the reeds
around the monastery's old stone walls,
the holy wells, the springs of the Lee,
where the waters start a course
that never stops.

          In the streams that run down
to the sea, to the deep estuary,
the river's nervous system floats

desta cronoloxía vaga, inconclusa
coma o seu propio discorrer,
atávico rumor que cobreguea
por vieiros tan medrados pola chuvia
que as augas por fin rebordan e batuxan,
asolagan prados, enchen xardíns e paseos
polos que aboian perplexos os cisnes.

Mais nin en pistas nin carreiros,
corredoiras nin camiños, ou nas vagarosas
correntes do Lee no groto da nacenza,
posúe a natureza tan vitorioso cetro
coma na estrada aquela dos outeiros
máis costentos do reino occidental,
onde ao amencer contemplei a queda
superficie dun escuro lago:
                        en chegando
á moradía que me acolleu no alto,
aínda conducindo costa arriba,
abraiaba a herba vizosa
a medrar rexamente do alcatrán
coma un tortuoso ronsel verde
escorregando polo centro da estrada,
apropiándose da negrura do asfalto
para ditar a verdade do mundo, o triunfo
do verdor primeiro, o pouco que alí vale
a vontade das mans, camelia efémera,
amor que decorre e pasa,
amor que decorre e pasa.

the loose pages of this vague chronology,
endless as its own flow,
the ancient whisper that slithers
through the rain-filled riverrun
that eventually brims over the banks,
and flooding meadows, gardens and laneways
surprises the passing swans.

And not along the boreens or tracks,
the lanes or paths, or the meandering
streams of the Lee from its source,
does nature have such a glorious scepter
as on the road through these hills
– the steepest in the western kingdom
where I stood at dawn to contemplate
the dark surface of a lake:
                         on reaching
the house that welcomed me to the top,
as I drove up the hill
I was amazed by the abundant growth
that sprouted through the tarmacadam
like a green wake on the water
slipping through the centre of the road,
stealing up from the black asphalt
to tell the truth of the world, the triumph
of first growth, how little the hands' will
is worth here, fleeting camellia,
love that passes and is gone,
love that passes and is gone.

Premio de consolación

No medio da noite treme unha luz no sebeiro,
un punto brillante, o ollo moi esperto
dun quedo animal que todo esculca,
vagalume pousado no corazón das ponlas,
estrela que do alto caeu atrás dos muros.

Anuncia quizais a vida a renacer nas tebras,
nas sombras máis tupidas da cidade,
nas canles que perfuran os febles alicerces
sobre os que pasan automóbiles,
multitudes ceibas a partillaren cánticos.

Esa diminuta luz é un agromo, unha promesa
que acaso máis ninguén percibe
no medio da noite, no corazón da sebe,
pese a que outorga o seu fulgor avelaíño
coma un galardón silente a escintilar no escuro.

Non é luzada de faro que ilumina muradas
pradarías, areais inzados de pelouros grises,
nin estival cacharela onde inmolar despoxos
que o tempo esqueceu nalgún sobrado vello
por onde non pasan xa máis que tépedas airexas.

Non é senón a recompensa que compasa
no epicentro do xardín o devalar dos días,
pois ten que ser a vida máis que un premio
de consolación, máis que as fitas que a fortuna
nos deixou, esa tenue luz que alumea solerma,
no medio da sebe, o corazón da noite.

CONSOLATION PRIZE

In the middle of the night a light trembles in the hedge,
a bright spot, the sharp eye of an animal
that watches every move,
a firefly hung in the branches' heart,
a star that fell behind the walls.

Maybe it reveals life being reborn in darkness,
the heaviest shadows in the city,
the runs tunneled through the weak foundations
and the cars that pass overhead,
the throng celebrating in song.

That tiny light is a shoot, a promise
but maybe no one else will see it
in the middle of the night, in the heart of the hedge,
though it gives its brilliance softly
like quiet praise that scintillates the dark.

It's not the light from the lighthouse that brightens
the walled meadows, the grey pebble beaches,
nor a summer bonfire that chars the scree
forgotten by time in some old loft
where nothing passes but a warm breeze.

It's nothing but the reward that balances
in the centre of the garden the diminishing days,
since life must be more than a consolation
prize, more than the ribbons that fortune
left us, this dim light that shines flattering
in the middle of the hedge, the heart of the night.

AGOSTO

1

17:31   Contemplo unha garza detida no medio do pasteiro en
        Ballivackey, o acibeche dos corvos de Van Gogh na
        extensión dourada dos eidos, un faisán a peteirar nas
        beiras da estrada, xunto ás rulas grises.

2

15:12   Nenos pescan muxo voraz, arrimados ao muro de pedra
        ao pé da casoupa en ruínas.

3

00:33   Caeu a noite sobre os cisnes, famenta e moura coma un
        pozo sen dalias.

4

12:07   A través de veos de silencio chega un vago rumor entre
        ramaxes, a voz distante do río que non cesa.

5

14:35   E as nubes van cubrindo a luz azul do sol ao lonxe,
        esvaídas coma a coloración de antigos mapas.

6

20:06   Malia o ronsel que deixan as gamelas, reflicten as augas o
        continuo pasar das aves, os refachos do vento no mato.

7

01:11   A luz intensa do luar ateiga a escuridade das bocanas, o
        corazón do porto.

8

22:24   Cara a onde partiu o sol que nos foi deixando, a que
        ocultos dominios vagantío se acolleu?

9

11:08   Teñen agora as augas a transparencia colorida dun vitral.

AUGUST

1

17:31   I watch a great heron still in the middle of the meadow in Ballivackey, the jet of Van Gogh's crows in the golden reach of the fields, a pheasant pecking down the long acre past a pair of turtledoves.

2

15:12   Hung off the stone walls by the ruined cottage, children fish the hungry mullet.

3

00:33   Night, starving and dark like a well without dahlias, sank over the swans.

4

12:07   A faint whisper in the branches, beyond the veils of silence the distant voice of the river.

5

14:35   And the clouds, fading like old maps, pass over the blue light of the far off sun.

6   20:06   Despite the wake left by the launches, the water reflects the continuous passing of birds, the wind blowing the trees, and the undergrowth.

7

01:11   The moonlight saturates the darkness of the port entry, the heart of the harbour.

8

22:24   Where has the sun slipped, deserting us, to what hidden vastness is it made welcome?

9

11:08   The water holds the stained transparency of a church window.

10

11:50   Séntese, máis abaixo, o latexar rítmico do río coma nunha
         páxina de Eduardo Moreiras.

11

13:58   Zoa un vento louco entre os bidóns e os muros nos que
         pousou o caruncho oxidado do tempo.

12

01:55   Unha noite máis que xa pasou, unha noite máis que xa
         pasou, nebulosa e leda.

13

12:18   Desde o cumio do monte enlamado e fragrante, unha cruz
         celta semella anunciar os azuis engados do océano que
         espella na distancia.

14

13:33   Unha manda de corvos asolaga o xardín a peteirar nas
         frangullas, sempre tan rufos e algareiros.

15

18:05   O mar ergue a súa coroa branca sobre as tremecentes luces
         da ribeira.

16

11:32   En Dunmore Head, onde remata a terra e comeza o soño,
         baten as ondas en rochedos altos e escorren polas ramplas
         cara ao mar coma meiriñas mansas.

17

17:38   Río arriba, mofo e carriza tapizan muradellas, valados de
         táboas, o alcatrán das pistas.

18

13:10   Aos poucos o ceo vaise cubrindo de ominosas nubes,
         carregadas da chuvia que enchoupará os carreiros todos
         da illa.

19

12:52   Pacen mainos cabalos na amplitude das brañeiras brancas,
         asolagadas pola suba da marea.

10

    11:50   Feel, further down, the river's rhythmic run like a page by Eduardo Moreiras.

11

    13:58   A wild wind blows between the barrels and the walls where you'll find the rusted woodworm of time.

12

    01:55   Another wild night over, another wild night over, cloudy now and all content.

13

    12:18   From the top of the misty, fragrant mountain, a Celtic cross seems to call the ocean's charms from the bright blue distance.

14

    13:33   A parliament of crows sweep the garden to peck the crumbs, garrulous and quick.

15

    18:05   The sea spills its white crown over the shimmering lights on the shore.

16

    11:32   On Dunmore Head, where land ends and the dream begins, the waves buffet the rocks, then surge down the slipways like soft Merino sheep.

17

    17:38   Upriver, moss and lichen drape the low stone walls, the fence posts, the tarmac laneways.

18

    13:10   Little by little the sky is covered with heavy rain clouds that will darkly drench the trails, the tracks across the island.

19

    12:52   The horses calmly graze the breadth of the meadows flooded by the rising tide.

20

15:17   Na fiestra baten abellóns, atordados e tórpidos pola calor vibrante da tarde.

21

19:06   Entre o verdello das pocecas da ribeira medran lapas, oucas, estrelamares palpitantes.

22

01:58   Zoa o vento forte, zoa esquivo, sisea contra as paredes brancas coma unha cadea de serpes. E chove no marnel.

23

00:45   Aí vai o río, entra de súpeto co vento pola fiestra, co recendo da dozura cereal da fin do estío.

24

23:18   Con R. L. Stevenson, onde van os botes? Cara a onde vai o río, cara a onde a súa canción?
Avante vai o río, deixa atrás a acea, flúe val abaixo, baixa a touticeira.

On goes the river
And out past the mill,
Away down the valley,
Away down the hill.

25

01:25   Renxe na noite alta o madeirame das barcas, xa non máis o canto do tordo perdido entre a néboa.

26

13:08   Despois da chuvia intensa, abre o sol o seu balcón dourado onde pousan aves e respiran flores.

27

14:32   Na calma nugallá da tarde, deitouse o gato ao axexo no tellado do caseto.

28

17:12   Xeran as correntes profundos remuíños nos que se afunde a branca escuma dos días.

29

10:32   Onde se ocultou o soño das augas que fuxiron lonxe?

20

15:17   The bumblebees, confused and stunned by the afternoon heat, drum on the window.

21

19:06   Down by the shore line at low tide, there's limpets, sea lettuce and starfish pulsing.

22

01:58   The wild wind gusts, it blows elusive, whistling against the white walls like a cable of snakes. And the rain falls across the floodlands.

23

00:45   And there's the river, it blows through the windows, carried on the wind with the freshness and cereal softness of summer's end.

24

23:18   With R. L. Stevenson, where are the little boats going? Where does the river flow, where does her song go?

On goes the river
And out past the mill,
Away down the valley,
Away down the hill.

25

01:25   The wooden boats creak in the middle of the night, no longer the song of the thrush lost in the fog.

26

13:08   After the heavy rains, the sun opens its golden balcony where birds light and flowers breathe.

27

14:32   In the calm, layabout afternoon, the cat lies down to spy from the roof of the shed.

28

17:12   The strong currents spin deep whirlpools where the white foam of the days sinks.

29

10:32   Where did that dream of water go that flowed so far away?

30

19:45   Das lamelas escuras á ausencia de pradeiras, dos pozos
toldados ao voar dun papaventos, resoa en min por
sempre a palabra irmá de Seamus Heaney.

31

18:22   Fíltranse raiolas de sol por entre as ramaxes mestas da casa
azul das barcas.

30

19:45   From the dark fields to the absence of prairies, from the shaded wells to the wind in the kites, there'll always dwell in me the kindred words of Seamus Heaney.

31

18:22   The sunbeams are filtered through the thick branches around the blue boat house.

DUNMORE HEAD

En Dunmore Head ábrese un branquísimo ronsel de remuíños
que remata en cons ou non remata nunca,
senón nos illotes de Lennon, na praia de Baroña
onde se amorea argazo, ás beiras do conchido
ou nos confíns circulares: magno abismo onde amei.

Ata as pozas do areal baixan ovellas dóciles,
vanse achegando cara ao mar picado:
olla agora os lombos moles sobre as ondas,
pola pista murada,
serpentina.
Fican alí por entre rochas,
no peitoril de pedra tirada dos cantís
que aos poucos se esfarelan, que inauguran
luces pasadías, rastros lenes.

En Dunmore Head revoan aves
en plenitude mineral cara ás fochancas,
cara ás cristas farrapentas
das Blasket Islands, con guano con escuma
estrada polas furnas.

Alá xorde un arroás das augas grises,
vai rumbo ao sur distante, lonxe das covas
areosas, lonxe da deriva verdeal de Irlanda.

Vai rumbo ao sur por frebas, arterias de friaxe.

Acouga logo paseniño nun lecer de lapas,
no remuíño arfante de buguinas
que asolaga o Rostro, que remata en cons
onde remata o mundo.

Tremen coma aterecidos vermes os fiaños
da corrente, flúen nos extremos pétreos,
no carromeiro das orelas.

DUNMORE HEAD

On Dunmore Head there's a shimmering white wake off the whirpools
that comes to an end on the rocks or never ends at all
till it finds Lennon's drowned drumlins, or the beach at Baroña
where the seaweed floats, the shell-scattered shore
or the stone castros: the great abyss where I loved.

To the beach puddles trot the docile sheep,
all the way down to the choppy sea:
watch their soft backs floating over the waves
as they follow the serpentine walled track.
Now watch among the rocks,
as the cliff-hewn walls of stone
little by little split letting the soft
fleeting traces, letting the light in.

On Dunmore Head the birds lift
in flight over the blowholes,
out toward the ragged crest
of the Blaskets where the caves
sag with guano and seaspray.

A bottlenose dolphin is heading south
threading the grey water beyond the sandy caves,
far beyond the drifting green wake of the island.

She follows the cold streams south through the water.

She takes a rest around the limpets,
down among the exhausting whirlpool of whelks
that fill Rostro Beach, that ends at the rocks
at the end of the world.

Like freezing worms the current threads
tremble as they weave through the seaweed
by the shore, out to the stone edges of the earth.

Ai o mar maior, tan de meu
malia o respirar íntimo do devalo da ría.

Ai os pandullos fumegantes, o po estival
nas dedas, as luzadas desde botes.

Máis aló, a bravura das lontras
polos croios do Traba, que argalleiras,
anguías sinuosas a batuxar nos pozos, a vertixe
da miña fin quizais. O meu comezo.

Ah, the high seas, as much a part of me
as the close breath of the ria at low tide.

Ah, the smoked stones weighing the summer dust
on your toes, the fishing lights from the boats.

Further beyond the plucky otters
playing on the pebbles in the Traba,
the sinuous eels in the wells, the vertigo
of my end perhaps. My beginning.

Río arriba

Río arriba, empozan as augas en represas,
remansan avoltos os recordos, enfastiados
adolescentes pescan desde o alto
da branca fervenza onde nadan os cans,
onde pervagan cisnes.
                              Río arriba
bañistas e remeiros comparten o silencio
que asolaga as beiras, as tenues
marxes nas que decote se abisman
as sombras móbiles de salgueiros choróns.

Río arriba, na calma queda das vairas,
estiña a corrente e ralentiza
o seu continuo fluír, que se demora
agoirando o transcorrer inevitábel
que remata no mar dos vellos celtas.

Río arriba perdura a luz de antano,
sempre rediviva nos albares intersticios
que van ficando lonxe, alí onde se acollen
acesos picapeixes que ao mencer flamexan
nun poema de Hopkins, con ledas libeliñas.

Ai, os desvaríos do amor que río arriba
aflora nas camposas, por escuras valgadas
sen cabalos nin uces, amor que se arreguiza
nos encalcos e mansíos onde repintan botes,
amor que voga río arriba e non estanca,
que insomne apousenta na espiral dos relanzos,
que sen pausa paira no solpor dunha eclipse.

UPRIVER

Upriver, the waters settle at the weir,
still the blustery memories, bored
teens fish from over
the white waterfall where dogs swim,
where swans drift.
                              Upriver
swimmers and boaters share the silence
of the riverbanks, the edges delicate
where the subtle shadows of the willows
are laid everyday to rest.

Upriver, water pools
as the current slows its
continuous flow, the delay
to show the inevitable drift
that drains into the old Celtic Sea.

Upriver, the light of long ago lingers,
is caught and rekindled in the crevice
of far away, where the kingfisher blazes
and inflames the dawn of Hopkins' poem
alight with dancing dragonflies.

The madness of love upriver
blooms in the woods of dark valleys
with neither horse nor heather, love
that trembles on the riverpools of painted boats,
love that rows upriver and doesn't stop,
that sleepless casts the backwater whorls,
that restless halts the gloaming of an eclipse.

SETEMBRO

1

17:31   Aterecen os patos desde Clarke Bridge ata as canles da Chaínza, desde as beiras do Guindastre ata os pozos ocultos de Crosses Green.

2

23:14   Van aos poucos despezando os depósitos da fábrica de Beamish, esvaécense os seus brillos nocturnos, os seus metais desmantelados.

3

17:35   Céganos o sol, intenso e cálido, na sabedoría das conversas, na ledicia da amizade, nos momentos que nos quedan.

4

13:07   No limiar do aparcadoiro séntese o rebumbio torrencial do río que baixa varudo e pardo.

5

19:42   Non é literatura, digo co mestre Antonio Gamoneda, non é literatura: emanación da vida, desembocar da existencia, a poesía.

6

12:20   Medra a carriza entre as pedras, á sombra das táboas do valado, coma a herba medra no alto dunha estrada, aló na costa occidental.

7

09:10   Sentimos dentro o rumor verdeal das augas que han remansar nos relanzos do amor, nas espirais da fortuna.

8

03:15   Calmo vai o río, escuro e lento coma unha lagoa no medio da foresta.

9

18:12   Xa fumegan chemineas, comeza o alento do outono a exhalar o perfume cálido da turba.

September

1

    17:31   The ducks shiver from Clarke Bridge to the canals in Chaínza, from the banks of Guindastre to the hidden pools at Crosses Green.

2

    23:14   Piece by piece they're dismantling what's left of the Beamish brewery, its bright nights extinguished, all the old iron stripped.

3

    17:35   Warm and intense we're blinded by the sun, in the joy of friendship, the wisdom of chat, in the moments that we have left.

4

    13:07   Pulling into the car park, you feel the torrential rumble of the river flowing sure and dark.

5

    19:42   It's not literature, I agree with the master Antonio Gamoneda, it's not literature: it flows from life, from existence, poetry.

6

    12:20   Moss grows between the stones, in the shade of the fence posts, as the grass grows up from the road, out along the west coast.

7

    09:10   We feel inside the green rumour of the waters that will pool under the shelter of love, in the swirls of fortune.

8

    03:15   Calm flows the river, slow, dark and lake like in the middle of a wood.

9

    18:12   The chimneys are smoking, already the autumn breath begins to exhale the warm perfume of turf.

10

17:38   Os xuncos medran ao pé do río, nas enlamadas ribeiras que se perden río arriba.

11

13:54   Báñanse os cans nas ramplas da revolta, onde ao entardecer pousa tan queda a garza.

12

11:24   Como revoan as nebulosas de cínfanos sobre as coroas de rosas, no céspede con musgo.

13

12:32   Hoxe o sol penetra as regañas todas desta terra, unxe as pedras co seu recendo amábel, alegra os pequenos corazóns das aves.

14

12:42   En Inchmahome Priory, na paz do lago de Menteith, ocúltase entre ruínas o sartego da nación, a luz de pedra do amor.

15

00:27   Sinto o rechouchío, distante e apagado, dun paxaro que vela no fondal da noite.

16

14:10   Onde se agachou esta tarde o vento que xa non acariña cos seus dedos témeros a quietude azul do ceo, a corrente apardazada?

17

11:06   Apagaron as máquinas e reina o silencio máis profundo polas ourelas do Lee.

18

02:32   Unha brétema densa embalsama o norte da cidade e vai aos poucos cubrindo, coa súa húmida envoltura, rúas e xardíns, apartados canais, a escuridade das prazas.

19

10:12   Bañan as augas ramplas e muros, pedras que acumulan humedén e verdello baixo a luz matinal do sol en calma.

10

17:38   The rushes grow down by the water, along the muddied banks that disappear upriver.

11

13:54   The dogs swim from the slipways at the bend in the river where at dusk the heron lies quiet.

12

11:24   How the clouds of midges swarm about the roses, the mossy grass.

13

12:32   Today the sun pierces all the cracks in the earth, anoints the stones with its warm scent, delights the small hearts of the birds.

14

12:42   In Inchmahome Priory, on the peaceful lake of Monteith, the ruins of the nation's tomb are hidden, the light from the stone of love.

15

00:27   I can hear the distant, faint chirruping of a bird awake through the deep, dark night.

16

14:10   Where has the wind hidden itself today that it doesn't caress with its fearsome fingers the blue quietude of the sky, the dark flow of the river?

17

11:06   They've turned off the machines and now a deep silence reigns along the banks of the Lee.

18

02:32   A heavy fog cloaks the north of the city and inch by inch covers, with its embalming damp, streets and gardens, secluded canal banks, the dark square.

19

10:12   The river washes slipways and walls, stones that hold the damp, the green under the sun's calm morning light.

20

09:19   A luz da mañá peneirada entre nubes chega a nós coma os nimbos solares dunha eclipse.

21

11:38   No adral con laudas ilumina o sol os restos do que xa se perdeu, do que foi sen máis quedando no camiño.

22

17:45   Unha friaxe outonal concéntrase en espirais acuáticas entre o panasco amarelecido e as sombras da barola.

23

00:56   A pálida luz do luar revela un novo niño de choias no altazor máis alto das ponlas.

24

20:39   Comezan a amorearse as follas nas escadas outonizas, nas ladeiras dondas do xardín da catedral.

25

18:32   Éxtase das aves: azur do picapeixe, cisnes estantíos, garzas a vibrar no corazón das augas.

26

13:12   Chapuza o corvo mariño nas marxes enlamadas, decote cubertas con ramallos.

27

11:08   Como brillan os tellados baixo a bátega tan súpeta que arrampla coas follas, enche de lombrigas os carreiros.

28

10:30   Recende a friaxe nas raigañas fondas do xardín asilvestrado, onde florecen gatos mansos.

29

01:17   A luz rosada da noite alenta entre a chuvia bretemosa.

30

17:52   Chega un marmurio xordo desde as alturas, un vento que penetra as fendas da casa, que enche os cuartos verdes da cor incerta das promesas.

20

09:19   The morning light filtered through the cloud is like the solar nimbus of an eclipse.

21

11:38   In the church ground, the sun shines on the remains of what's been lost, of what fell by the wayside.

22

17:45   An autumn chill intensifies in the river swirls between the yellowing scrub and the mildew.

23

00:56   The pale moonlight reveals a new nest of choughs in the tree's crown.

24

20:39   The leaves start gathering on the autumn steps, on the gentle slopes of the Cathedral lawn.

25

18:32   An ecstasy of birds: the kingfisher azure, the swans settled, herons shimmering in the heart of the river.

26

13:12   The cormorant dives down by the muddy banks that are hidden all year by low slung branches.

27

11:08   The white roofs glisten under the sudden showers that wash away all the leaves, and fill the footpath with worms.

28

10:30   The roots in the wild garden smell of the cold, where timid cats grow.

29

01:17   The rose flush of the night breathes through the misty rain.

30

17:52   A dull murmur from overhead, a wind that penetrates every crack in the house, that fills the green rooms with the uncertain colour of promises.

ORÁCULO

Vai rematar o tempo neste cimo que perfuman
as substancias torradas na mañá tan cedo.
Vai rematar a luz acesa
no interior das moradías, nos altares
onde arden crisantemos, onde afoga o pranto.
Vai rematar tamén o rumor da música
nas escuras estancias que ampararon multitudes.
Mais das ruínas deses días xa perdidos
ha comezar un tempo novo de xardíns
alén das correntes turbas, alén da anatomía
das augas que non cesan, nos dominios do merlo,
no silencio mesto prendido entre silveiras.

Así falou o oráculo desde a xanela,
ditou así unha verdade que resoa
insomne coma un marmurio xordo,
coma un remuíño no que se enfoulan aves
a revoar sen acougo, sen procurar abeiro
no medio do trebón, na torrenteira louca.

Así falou desde este ollo de boi,
niño de corvo onde espreitar o demorado
tránsito da vida que embaixo se espreguiza
coma unha serpe de auga
nos alicerces da ponte, nas arcadas bretemosas
de Crosses Green, onde remansan cisnes.

Agora que pechou a sala de concertos
na que unha noite escusada na furna da memoria
soñei coa xélida dozura dos pomares.
Agora que se esvaeceron os aromas
da fábrica de cervexa que exhalaba ao amencer
o seu alento cereal, hidráulico e queixoso,
chegou o tempo de se abeirar nas sebes
docemente acolledoras, batidas por un vento
que desartella os niños ermos, que enfeitiza
os rostros desgairados.

ORACLE

Time will end on the summit in the scent
of roasting in the early morning air.
The lights will go out inside
all the houses, across all the altars
where chrysanthemums burn, where tears drown.
The humming of the music will stop
in the dark rooms that held the crowds.
But from the ruins of those lost days
will rise a new time of gardens
far beyond the troubled currents, beyond the anatomy
of endless waters, in the blackbird's realm,
in the deep silence in among the brambles.

And so the oracle spoke from the window,
announcing a truth that rang out,
sleepless, the weight of a whisper
in a spin where birds drift
spiraling restlessly, never finding shelter
from the rain, from the wild storm.

And she spoke from this porthole,
and from the crow's nest where you spy
the slow glide of life below
stretching like a water snake
around the bridge's foundations, the mist, the arches
of Crosses Green curving where the swans rest.

Now that the nightclub is closed
where one idle night in the cavern of memory
I dreamt of the sweet chill of orchards.
Now that the last scent from the stout brewery
is gone, its last dawn air finally exhaled,
its cereal breath and wailing hydraulics,
the time has come to take shelter in the snug
hedges that are pummeled by the wind
that strips empty nests, that bewitches
the drawn faces.

Chegou o tempo
de fincar o pé na terra, de entregarse
aos designios do amor, aos oraculares
ditados do amor que latexan ocultos
no corazón da tempestade, que acenan
desde o escuro corazón da tempestade,
que agardan sempre no corazón, no fondal
da tempestade.
Chegou por fin o tempo
de abandonar o fluír desatado das correntes,
de entrar na cerna da vertixe
e ficar no amor, alí onde flores ventureiras
abren á luz as ánimas que o entardecer clausura,
que o silencio da noite apaxa e adurmiña.

　　　　　The time has come
to feel the earth beneath your feet,
to submit to love's aim, the divined
law of love that is hidden
in the heart of the storm, that calls
from the dark heart of the storm,
that wait for you in the heart, in the pit
of the storm.
　　　　　The time has finally come
to step out of the raging water's flow
and head straight for the vertigo
of love, where wild flowers open
to the light the souls the gloaming encloses,
and the quiet of night stills and lulls to sleep.